D1674296

Marina Martinez Mateo, geb. 1986, Professorin für Medien- und Technikphilosophie an der Akademie der Bildenden Künste München. 2021 erschien *Critical Philosophy of Race. Ein Reader* (Hrsg. zus. m. Kristina Leopold).
martinezmateo@adbk.mhn.de

Oliver Weber, geb. 1997, wissenschaftlicher Mitarbeiter und Doktorand an der TU Darmstadt.

Pascal Richmann, geb. 1987, Autor. Im Oktober 2024 erscheint der Roman *Pando* (zus. m. Enis Maci).
pascal.richmann@posteo.de

Eva Horn, geb. 1965, Professorin für Neuere deutsche Literatur an der Universität Wien. Ende Oktober 2024 erscheint *Klima. Eine Wahrnehmungsgeschichte.* – Bei dem Beitrag handelt es sich um die überarbeitete Fassung der Einleitung zu diesem Buch.
eva.horn@univie.ac.at

Christoph Möllers, geb. 1969, Professor für Öffentliches Recht und Rechtsphilosophie an der Humboldt-Universität zu Berlin. 2020 erschien *Freiheitsgrade. Elemente einer liberalen politischen Mechanik*.
moellers@rewi.hu-berlin.de

Matthias Goldmann, geb. 1978, Professor für Internationales Recht an der EBS Universität Wiesbaden. 2015 erschien *Internationale Öffentliche Gewalt*, in Vorbereitung für 2025 ist *The Constitution of Capital*.
matthias.goldmann@ebs.edu

Albert Kamps, geb. 1968, Mediengestalter und freier Autor. Rechercheur von Regina Schillings Fernseh-Dokumentation *Kulenkampffs Schuhe* (2018).

Michael Töteberg, geb. 1951, Lektor. 2025 wird *Ich gehe in ein anderes Blau. Rolf Dieter Brinkmann – eine Biografie* erscheinen.

Alla Melenteva, Autorin, Übersetzerin, Kritikerin. Zuletzt erschien 2016 *Rin's Family*.

Jan Wetzel, geb. 1991, Wissenschaftlicher Mitarbeiter am Wissenschaftszentrum Berlin für Sozialforschung; Promovend an der TU Dresden zur historischen Soziologie moderner Gestaltung. 2020 erschien *Die Vertrauensfrage. Für eine neue Politik des Zusammenhalts* (zus. m. Jutta Allmendinger).
jan.wetzel@wzb.eu

Susanne Neuffer, geb. 1951, Autorin. 2019 erschien *Im Schuppen ein Mann*; 2022 *Sandstein. Zwei Novellen*.
www.susanne-neuffer.de

0:00–6:45 Das Studio ist verdunkelt. Alle Spots gehen an, Hans Rosenthal kommt aus einer Tür in der Deko auf die Bühne. Brauner Anzug, gelbes Hemd, gelb-braune Krawatte. Begrüßung, »München, Grüß Gott«. Buntes Publikum auf Metalltribünen. Es ist Donnerstag, der 6. Juli 1972. Im Abendprogramm des ZDF ist *Dalli Dalli* zu sehen. Die Spiele-Show läuft zwar erst seit einem Jahr und auch nur einmal im Monat. Doch die Sendung ist schon jetzt extrem populär, und das wird so bleiben. Hans Rosenthal entwickelt sich zu einem der beliebtesten Fernsehstars der Bundesrepublik. Bis zum Tod des Moderators im Jahr 1987 werden 142 weitere Ausgaben folgen.

Im »Fragespiel für Schnelldenker« treten stets vier Promi-Pärchen gegeneinander an. An den Namen der Teams – an diesem Abend: Melodie, Medaille, Komik und Kochtopf – kann man bereits ablesen, was hier geboten wird: Entertainment von der harmlosesten Sorte.

Dass diese in schleppendem Tempo zelebrierte augenzwinkernde Biederkeit seinerzeit mehr als nur einen Nerv getroffen haben muss, kann man an den vielen Früher-war-alles-besser-Posts auf Youtube ablesen – die Namen deuten eindeutig auf ältere Semester hin –, die die Uploads der Sendungen begleiten: »Hans Rosenthal war noch ein Gentleman.« »Damit kann das heutige Fernsehen nicht mithalten.« »Damals hat man noch gerne GEZ gezahlt.« »Ich vermisse die alte Bonner Republik.«

Albert Kamps, selbst Jahrgang 1968, reagiert da deutlich weniger nostalgisch. Seine furiose Textcollage arbeitet die atemraubenden Untiefen der gemütvollen Heiterkeit von *Dalli Dalli* heraus. Mit dem harmonischen Bild von der guten alten Bundesrepublik sind sie nur schwer vereinbar.

CD / EK

Marina Martinez Mateo
Identität und Universalismus

Ein Beitrag zu einer Theorie politischer Bündnisse

Glaubt man den Feuilletons sowie zahlreichen populär- oder semipopulär-wissenschaftlichen Büchern der letzten Jahre, dann stellt die sogenannte Identitätspolitik eine der größten Bedrohungen unserer Zeit dar. Bedrohlich scheint die Annahme zu sein, dass die gesellschaftliche Position, die wir entlang von Identitätskategorien einnehmen (wie etwa *race* und *gender*), unsere Sicht auf die Welt und auch die moralischen und politischen Ansprüche bestimmt, die an uns gestellt werden dürfen und die wir wiederum zu formulieren berechtigt sind. Das gesellschaftliche Ganze zerfalle so in eine Vielzahl unvermittelbarer Identitäten oder gar in den bloßen und scheinbar direkt am Körper ablesbaren Gegensatz von »unterdrückend« und »unterdrückt«. Wie etwa die Philosophin Susan Neiman in ihrem Buch mit dem programmatischen Titel *Links ist nicht woke* (2023) schreibt, habe dies zum Verlust grundlegender linker, emanzipatorischer Selbstverständnisse geführt, darunter der Glaube an eine von lokalen Traditionen und Kulturen unabhängig zu bewahrende Menschenwürde oder an die Möglichkeit eines universellen Fortschritts, wie er sich im Begriff »progressiv«, den sie synonym mit »links« verwendet, ausdrückt. Was bliebe sei ein bloßes – wie sie es nennt – »Stammesdenken« *(tribalism)*, das dazu führe, dass sich eine Gruppe gegen die andere verschanze, und das nicht zu unterscheiden sei von rechten identitären Annahmen von der Überlegenheit der eigenen Gruppe.

In diesen Äußerungen Neimans zeigt sich ein relativ uninformiertes oder intentional verfälschtes, jedenfalls aber ein erstaunlich denkfaules Bild sogenannter Identitätspolitik, das wenig mit den Anliegen und historischen Hintergründen zu tun hat, die in der Regel unter diesem Label versammelt werden. Doch die enorme gesellschaftliche Tragweite solcher und ähnlicher Einschätzungen macht es meines Erachtens notwendig, sie dennoch ernst zu nehmen. Den Vorwurf des »Stammesdenkens« einer näheren Betrachtung zu unterziehen scheint mir auch deshalb relevant, weil die solidarische Zusammenarbeit zwischen verschiedenen diskriminierungs- und herrschaftskritischen Ansätzen heute in der Tat (um es einmal wohlwollend auszudrücken) nicht immer ganz reibungslos zu gelingen scheint – wie sich etwa am verhärteten Verhältnis (insbesondere, aber sicher nicht nur, im deutschen Kontext) zwischen Rassismuskritik und Antisemitismuskritik zeigt. Wie wäre also mit Blick auf eine solche Problemlage dem Vorwurf des »Stammesdenkens« zu begegnen? Inwiefern macht sie es in der Tat notwendig, über eine Politik der Identität hinauszugehen, um eine offene Politik der Bündnisse zu ermöglichen? Und was genau würde dies bedeuten?

Das Problem einer Politik der Identität

Wenngleich mit stärkerem Fokus auf Fragen der Repräsentation und Fürsprache hat die feministische Philosophin Linda Martín Alcoff in ihrem klassisch gewordenen Essay *The Problem of Speaking for Others* (1991) das »Problem« formuliert, das hier den Ausgangspunkt bildet – ein Problem, das sich dann auftut, wenn »Identität« zu einer politischen Figur gemacht wird.[1]

Auf der einen Seite betont sie die ausschließende Dimension einer unhinterfragten Universalität. Normativ allgemeine Begriffe wie »Freiheit« oder »Fortschritt« seien nur durch eine Abstraktion von spezifischen (partikularen) Perspektiven und Erfahrungen zu haben. Dabei ist diese Abstraktion allerdings nicht voraussetzungslos, sondern geschieht in einem sozialen und historischen Kontext, sie wird von bestimmten Erfahrungen ausgehend vorgenommen. Die Gefahr ist nun, dass diese Erfahrungen in der Formulierung solcher Begriffe einfach verdeckt und in deren scheinbare Allgemeinheit hinein verabsolutiert werden. Andere (marginalisierte) Erfahrungen könnten durch diese Begriffe insofern nicht adressiert werden, so dass die Marginalisierung in ihnen perpetuiert wird.

In diesem Sinn haben etwa feministische Philosophinnen und Philosophen im Kontext der »Care-Ethik« betont, dass Erfahrungen in Fürsorgebeziehungen nicht den Begriffen einer Kantischen Moralität entsprechen, die vom Anspruch der Universalisierbarkeit ausgeht;[2] und in vergleichbarer Weise ist im Rahmen postkolonialer Theorie der aufklärerische Begriff des Fortschritts dahingehend kritisiert worden, dass er verschiedene lokale Traditionen und historische Prozesse dem europäischen Maßstab unterordne.[3] So also der Kern der identitätspolitischen Intervention: Insbesondere

---

1 Linda Martín Alcoff, *Das Problem, für andere zu sprechen.* Übersetzt von Valerie Gföhler. Hrsg. v. Marina Martinez Mateo. Stuttgart: Reclam 2023.
2 So etwa Virginia Held oder Joan C. Tronto.
3 Hierfür steht insbesondere der Historiker Dipesh Chakrabarty, der hervorhebt, dass »Europa im historischen Wissen als stillschweigender Maßstab fungiert«, so dass außereuropäische Geschichten »unter dem Gesichtspunkt eines Mangels [...], einer Abwesenheit oder Unvollständigkeit, die sich in ›Unzulänglichkeit‹ übersetzt«, gedeutet werden. Dipesh Chakrabarty, *Europa provinzialisieren: Postkolonialität und die Kritik der Geschichte.* In: Sebastian Conrad u.a. (Hrsg.),

diejenigen, die von einer marginalisierten Position aus sprechen, werden im politischen Diskurs nur vorkommen, wenn sie von ihren konkreten Erfahrungen statt von Allgemeinbegriffen ausgehen.

Die andere Seite des Problems ist aber, dass dieses Anliegen in eine Sackgasse führen kann. Denn ohne irgendeine Form von Verallgemeinerung lässt sich von einer ausgeschlossenen Erfahrung, von der aus sich eine solche Kritik der Verallgemeinerung formulieren ließe, gar nicht erst sprechen. Schließlich werden hier ja nicht *irgendwelche* Erfahrungen ins Zentrum gestellt, sondern solche, die ich etwa *als* Frau oder *als* migrantische Person zu machen beanspruche, das heißt Erfahrungen, die nicht nur zufällig mir persönlich zukommen, sondern zum Beispiel etwas über die Lage von Frauen im Patriarchat aussagen. Diese Annahme ist allerdings nicht voraussetzungslos: Sie setzt erstens voraus, dass meine biografischen Erfahrungen sich tatsächlich im Sinne dieser Kategorien verallgemeinern lassen (dass sie also irgendetwas mit der Existenz eines Patriarchats zu tun haben), und sie setzt zweitens voraus, dass ich mich der Identitätskategorie »Frau« oder »migrantische Person« zuordnen, diese allgemeine Kategorie zum Verständnis meiner Subjektivität also affirmieren kann.

Damit aber fangen die Probleme an. Denn diese doppelte Verallgemeinerungsbewegung ist offenbar ebenso ausschlussanfällig wie die Bildung allgemeiner Begriffe überhaupt. Dies wurde in den 1970er und achtziger Jahren von Schwarzen Feministinnen hervorgehoben, die am (weiß und bürgerlich geprägten) »Second Wave«-Feminismus die Idee eines scheinbar einheitlichen Kollektivsubjekts »Frau« kritisierten, insofern diese Vereinheitlichung die Erfahrungen Schwarzer Frauen an den Rand dränge.[4] Eine solche Kritik aber kann an dieser Stelle offenbar nicht stehen bleiben, da schließlich jede noch so differenzierte Kategorie der Identität, insofern sie auf ein

Jenseits des Eurozentrismus. Postkoloniale Perspektiven in den Geschichts- und Kulturwissenschaften. Frankfurt: Campus 2013.
4 Diese Kritik findet sich etwa bei Hazel V. Carby, *White Woman Listen! Black Feminism and the Boundaries of Sisterhood* [1982] (in: Rosemary Hennessy / Chrys Ingraham (Hrsg.), *Materialist Feminism. A Reader in Class, Difference, and Women's Lives.* New York: Routledge 1997) und bei Patricia Hill Collins, *Black Feminist Thought. Knowledge, Consciousness, and the Politics of Empowerment* [1990]. New York: Routledge 2000. Sie bildet gewissermaßen den Einsatzpunkt für den Begriff der Intersektionalität. Vgl. Kimberlé Crenshaw, *Die Intersektion von race und Geschlecht vom Rand ins Zentrum bringen: eine Schwarze feministische Kritik der Antidiskriminierung, feministischer Theorie und antirassistischer Kritik* [1989]. In: Kristina Lepold / Marina Martinez Mateo (Hrsg.), *Critical Philosophy of Race. Ein Reader.* Berlin: Suhrkamp 2021.

kollektives Erfahrungssubjekt referiert, vereinheitlichend wirken muss. Auf dieser Grundlage hat wiederum Anfang der 1990er Jahre Judith Butler (und mit ihr die Queer Theory) die Idee von »Identität« selbst ganz grundlegend als gewaltvoll und ausschließend kritisiert, da sie verdingliche und sich Subjekte zwangsförmig unterordne: etwa manche zu »Frauen« mache und andere aus dem »legitimen« Frausein ausschließe. Eben die Kritik, mit der sich identitätspolitische Ansätze gegen einen abstrakten Universalismus richteten, müsse gegen die Idee von Identität überhaupt gewendet werden.[5]

Die (wenn auch gerechtfertigte) Benennung und Problematisierung dessen, dass bestimmte Erfahrungen in der Bildung von Allgemeinbegriffen ausgeschlossen bleiben, ist also offenbar selbst auf Allgemeinbegriffe angewiesen, die ihrerseits ebenfalls ausschließen – so Alcoffs »Problem«. Neiman hat also in gewisser Weise Recht damit, dass eine Politik, die unhinterfragt und naturalisierend auf »Identität« baut, sich in Widersprüche verstrickt und dabei einander ausschließende Gruppen produziert. Unrecht hat sie in der Annahme, dass diejenigen Ansätze, die sie identitätspolitisch nennt, sich tatsächlich so (unhinterfragt und naturalisierend) auf Identität berufen würden. Hingegen ist das Ringen um Identität und die Auseinandersetzung mit den Problemen, die sich daraus ergeben, von Beginn an Teil der entsprechenden Diskussionen gewesen. Doch was ergibt sich aus diesem Ringen? Wie wird es möglich, so aus dem Problem der Identität auszubrechen, dass die Schließungen, die darin angelegt sind, zugunsten einer offenen Bündnispolitik überwunden werden können?

Judith Butler: Desidentifikation und Prekarität

Es lohnt sich, angesichts dieser Fragen den Begriff von Politik in Erinnerung zu rufen, den Judith Butler Anfang der neunziger Jahre ausgehend von ihrer Kritik der Identität entwickelt hat und der in den heutigen Diskussionen um Identitätspolitik, wie mir scheint, nicht genug Beachtung findet. Butler ging es damals um die Möglichkeit einer »neuen Form feministischer Politik [...], die den Verdinglichungen von Geschlechtsidentität und Identität entgegentritt: eine Politik, die die veränderlichen Konstruktionen von Identität

---

5   Die »konstitutiven Ausschlüsse« und Machtverhältnisse in jeder Identität müssten kritisch reflektiert werden, »damit nicht auf der Ebene der Identitätspolitik die gleichen ausschließenden Schritte noch einmal gemacht werden, die die Hinwendung zu spezifischen Identitäten allererst ausgelöst hatten«. Judith Butler, *Körper von Gewicht. Die diskursiven Grenzen des Geschlechts* [1993]. Aus dem Amerikanischen von Karin Wördemann. Frankfurt: Suhrkamp 1997.

als methodische und normative Voraussetzung begreift, wenn nicht gar als politisches Ziel anstrebt«.[6] Was ihr dabei vorschwebte, war ein queerer Feminismus, der zwar auf Identitätskategorien Bezug nimmt, wenn es politisch notwendig erscheint,[7] dabei aber immer »methodisch« wie »normativ« davon ausgeht, dass diese Kategorien ein »notwendiger Irrtum« sind. Eine feministische Politik dürfe nie vergessen, dass diese Kategorien »konstruiert« und »veränderlich« sind – und auch verändert und dynamisiert werden *sollten*. Statt auf eine Politik der Identität zu setzen, so Butler, gelte es, eine Politik der *Des*identifikation, der Denaturalisierung und Infragestellung von Identität, stark zu machen.[8] Politische Bewegungen werden diesem Verständnis nach gerade nicht durch eine vereinheitlichende Kategorie zusammengehalten, sondern durch ein Geltendmachen dessen, was sich nicht vereinheitlichen lässt; nicht durch gemeinsame Erfahrungen, sondern durch ein Beharren auf Formen des Begehrens und des Wirkens, die die (vermeintlich) gemeinsame Erfahrung durchbrechen.

Inwiefern aber werden aus dieser identitätskritischen Bewegung der Negativität heraus politische Verbindungen denkbar? Diese Frage stellt sich insofern, als anzunehmen wäre, dass ein Bruch per se noch keine Verbindungen herstellen kann, dass also – um etwas Gemeinsames zu denken – zusätzlich auch ein zusammenführendes Element notwendig wäre. An dieser Stelle, so möchte ich behaupten, zeigen sich die Grenzen von Butlers Ansatz.

Auch schon im Rahmen dieser früheren Arbeiten betont Butler die Notwendigkeit von Bündnissen und versteht eine queere Politik im Kern als eine Politik der Bündnisse. Erst in neueren Texten allerdings widmet sie sich expliziter der Frage, wie »Bündnisse« oder »Allianzen« in diesem Zusammenhang konkret zu denken und herzustellen wären. Der Anspruch lautet hier, die Kämpfe »aller« (so ihre starke Formulierung) »entrechteten Minderheiten« miteinander zu verbinden, ohne dabei deren Einheit zu fordern und ohne deren Kohärenz zu behaupten.[9] Die Betonung von Differenz, die

6 Judith Butler, *Das Unbehagen der Geschlechter. Gender Studies* [1990]. Aus dem Amerikanischen von Kathrina Menke. Frankfurt: Suhrkamp 1991.

7 Butler: »Das ist kein Argument *dagegen*, Identitätskategorien zu verwenden, aber es ist eine Erinnerung an das Risiko, das mit einer jeden solchen Verwendung einhergeht.«

8 Ähnlich auch Jacques Rancière, *Das Unvernehmen. Politik und Philosophie* [1995]. Aus dem Französischen von Richard Steurer. Frankfurt: Suhrkamp 2002; Esteban Muñoz, *Disidentifications. Queers of Color and the Performance of Politics*. Minneapolis: University of Minnesota Press 1999.

9 Judith Butler, *Queere Bündnisse und Antikriegspolitik*. Hamburg: Männerschwarm-Verlag 2011.

schon in Butlers Kritik der Geschlechtsidentität im Zentrum stand, wird hier zur Grundlage für den Anspruch, die Kämpfe verschiedener Gruppen in ihrer *Heterogenität* zu verbinden. Wie aber kann – angesichts der Heterogenität – diese Verbindung zustande kommen?

Hierzu stellt Butler, etwa in *Notes Toward a Performative Theory of Assembly* (2015), den Begriff der »Prekarität« oder »Gefährdung« *(precariousness)* ins Zentrum.[10] »Prekarität ist die Rubrik, die Frauen, Queers, Trans-Personen, Arme, anders Begabte, Staatenlose, aber auch religiöse und ethnische Minderheiten unter sich vereinigt: Sie ist ein gesellschaftlicher und wirtschaftlicher Zustand, aber keine Identität (tatsächlich durchschneidet sie die genannten Kategorien und schafft potenzielle Allianzen zwischen denjenigen, die nicht erkennen, dass sie zueinander gehören).«[11] Prekär oder gefährdet sind diejenigen Leben, die aus den Normen des Erscheinens oder des Benennens (in welcher Form auch immer) ausgeschlossen sind, deren Leid nicht betrauerbar ist oder die in den Normen des Menschseins nicht mitgemeint sind.

Doch wie weit trägt der Begriff der Prekarität für eine solche nichtvereinheitlichende Verbindung wirklich? Schließlich ist Prekarität hier im Grunde nichts anderes als der (behauptete) kleinste gemeinsame Nenner dieser Anliegen; dasjenige, was allen Positionen des Ausschlusses oder der Entrechtung *trotz* ihrer Heterogenität gemeinsam wäre. Dadurch aber wird der Begriff auf schlechte (nämlich nichtssagende) Weise abstrakt. Schließlich fangen die konkreten Fragen und Streitpunkte zwischen politischen Gruppen doch häufig gerade erst bei der Frage an, was das eigentlich genau bedeutet, ausgeschlossen oder gefährdet zu sein, wie verschiedene Gefährdungen zueinanderstehen und worin sie vielleicht auch widersprüchlich oder unvermittelbar gegeneinander sein können. Für diese Diskussionen ist mit der Bezugnahme auf eine geteilte Prekarität per se noch nichts gewonnen.[12]

---

10 Diese Figur ist kürzlich von Verónica Gago (*Feminist International. How to change everything*. Übersetzt von Liz Mason-Deese. London: Verso 2020) aufgegriffen worden, um die Politik feministischer Streiks in Argentinien zu charakterisieren. Darauf aufbauend hat Jule Govrin (in *Politische Körper. Von Sorge und Solidarität*. Berlin: Matthes & Seitz 2022) einen »Universalismus von unten« formuliert.

11 Judith Butler, *Anmerkungen zu einer performativen Theorie der Versammlung*. Aus dem Amerikanischen von Frank Born. Berlin: Suhrkamp 2016.

12 Das theoretische wie politische Ungenügen eines solchen Ansatzes lässt sich etwa in Butlers Aufsatz *Rassismus und Antisemitismus. Für eine Allianz der sozialen Gerechtigkeit* (in: Christian Heilbronn u. a. (Hrsg.), *Neuer Antisemitismus. Fortsetzung einer globalen Debatte*. Berlin: Suhrkamp 2019) erkennen,

Mir scheint hier ein Gedanke des israelischen Philosophen Omri Boehm weiterzuführen, der in seinem Buch *Radikaler Universalismus* an einer Kritik der Identität ansetzt und damit im Kern (wenn auch freilich nicht explizit) das »Problem« Alcoffs adressiert. Dabei nimmt er gewissermaßen die spiegelbildliche Position zu Butlers Kritik der Identität ein: Wo diese sich der Idee einer Differenz zuwendete, die jede Identität durchbricht, versucht Boehm (umgekehrt) die Kategorie der Identität durch einen »radikalen« Universalismus hinter sich zu lassen. Wie ist das zu verstehen?

Omri Boehm: Zur Utopie der Menschheit

Zunächst stimmt Boehm der identitätspolitischen Intervention gegen sich universell gebende Allgemeinbegriffe (wie »Freiheit« oder »Fortschritt«) gewissermaßen zu, insofern sich diese gegen einen nichtradikalen, nämlich einen, wie er es nennt, »positivistischen« Universalismus richtet, »der ›Vernunft‹ mit ›Interessen‹ gleichsetzt«.[13] Anstatt von *Vernunft* – im Sinne der Freiheit, einander mit Achtung zu begegnen – ginge dieser Universalismus

in dem sie selbst eine Verbindung zu ihrer Theorie der Bündnisse herstellt und auf das Verhältnis von Rassismuskritik und Antisemitismuskritik anzuwenden beansprucht, dabei aber letztlich zu dem Ergebnis kommt, eine solche Allianz sei in der BDS-Bewegung verwirklicht, ohne in irgendeiner Weise eine linke, antisemitismussensible Kritik an BDS ernst zu nehmen: »Warum nicht nach konkreten Wegen suchen, um politische Gleichheit, Freiheit und eine gerechte Gesellschaft Realität werden zu lassen? BDS ist eine solche Strategie. Es handelt sich weder um eine vollständige politische Vision noch um einen Plan: Die Bewegung verbündet sich mit antikolonialen Kämpfen und verlangt ihrerseits nach Allianzen. Bündnisse und Solidarität zeigen, wie es aussehen könnte, wenn man zusammenarbeitet, um gemeinsam Gerechtigkeit zu verwirklichen. Wenn wir Glück haben, errichten Bündnisse die zukünftige politische Gemeinschaft. Der gewaltfreie Kampf für soziale Gerechtigkeit ist die Zukunft für all jene, die Antisemitismus ablehnen, weil er eine bösartige Form von Rassismus ist, und die in ihrer Ablehnung sämtlicher Formen von Rassismus konsequent sind.« BDS wird hier als Allianz für »soziale Gerechtigkeit« eingeführt, der sich all jene, die Antisemitismus etwas entgegenstellen wollen, einfach aus dem Grund anschließen sollten, dass BDS Rassismus ablehnt und Antisemitismus eine Form von Rassismus sei. Dies blendet freilich aus, dass es im Rahmen einer Kritik von Rassismus sehr wohl auch Antisemitismus gibt, so dass es sich bei diesem scheinbaren »Bündnis« doch eher um eine schlechte Vereinheitlichung zu handeln scheint, die – anstatt zwischen unterschiedlichen Anliegen und Kämpfen zu vermitteln – die Kritik von Antisemitismus über jeden Einwand hinweg der Kritik von Rassismus schlicht unterordnet.

13 Omri Boehm, *Radikaler Universalismus. Jenseits von Identität.* Aus dem Englischen von Michael Adrian. Berlin: Propyläen 2022.

von *Interessen* aus, so dass er sich lediglich darauf richtet, dass alle diesen Interessen (in Frieden und gerechten Verhältnissen) gleichermaßen nachgehen können. »Positivistisch« sei diese Bestimmung, weil sie von einer Anthropologie ausgeht, die den Menschen empirisch – als von Bedürfnissen und Interessen bestimmt – begreift. Gegen diese Position habe die identitätspolitische Intervention deshalb Recht, weil sich zur empirischen Frage, was der Mensch *ist*, viele Geschichten erzählen lassen, so dass die Vorstellung, eine von ihnen sei die allgemeingültige, all die anderen unsichtbar machen muss.

Boehm stellt deshalb – gegen die gewöhnlichen, positivistischen Universalisten *und* gegen diejenigen, die diese kritisieren – den Universalismus Kants und Abrahams (wenn auch beide in sehr eigenwilliger Lektüre) ins Zentrum: Kant, so Boehm, verfolge mit seinem Begriff der »Menschheit« einen Universalismus, der sich fundamental vom Universalismus der Interessen unterscheide, insofern er eben nicht auf empirischen Bestimmungen beruhe, sondern auf einer rein metaphysischen – und damit meint er: kontrafaktischen, utopischen – Setzung.

Wenn Kant etwa in einer seiner Formulierungen des Kategorischen Imperativs davon spricht, dass »die Menschheit sowohl in deiner Person, als in der Person eines jeden andern« zu achten sei, dann sei diese Menschheit eine rein fiktive und von jeder konkreten Bestimmung gelöste Kategorie – und nur als solche könne sie die Unbedingtheit im Anspruch des Anderen jenseits von Konventionen, positiven Gesetzen oder Interessen denkbar machen. Ebenso müsse ein starker Antirassismus an der Aussage ansetzen, dass die »Menschheit« als utopische Kategorie in einem System rassistischer Ungleichheit negiert wird.

Nun wäre natürlich die Frage berechtigt, wie hilfreich der Begriff der Menschheit in seiner anthropozentrischen Einengung hier tatsächlich sein kann. Da aber der Wert dieses Begriffs bei Boehm ja gerade in seiner absoluten inhaltlichen Leere liegt, ließe sich hier sicher auch ebenso gut Emanzipation, Demokratie – oder eben Utopie – schreiben, um den Gedanken eines kontrafaktischen Horizonts zu formulieren, durch den sich Leiderfahrungen verbinden und überhaupt erst kritisieren lassen. In diesem sehr spezifischen Sinn scheint mir sein Ansatz durchaus wertvoll. Allerdings fehlt bei Boehm gewissermaßen das, was bei Butler, zumindest noch in den neunziger Jahren, im Mittelpunkt stand: Es fehlt ein Verständnis für die Wirklichkeit und die konkreten, heterogenen Leiderfahrungen, die sich darin abspielen. Es fehlen der Blick und die Perspektive, um den behaupteten normativen Horizont so mit diesen Erfahrungen zu verbinden, dass sich überhaupt verstehen lässt, was es jeweils konkret bedeutet, in einer singulären Situation auf dem Begriff der Menschheit zu beharren – und was sich aus einem solchen Beharren ergibt.[14]

Der Begriff einer universellen Menschheit mag als Transparentspruch auf einer antirassistischen Demonstration taugen, doch hilft er uns nicht, um rassistische Verhältnisse konkret zu befragen: um zu begreifen, wie sie genau zu verstehen sind und worin ihre spezifischen (normativen) Effekte liegen – und auch nicht, um zu erkennen, welche blinden Flecken die Kritik dieser Verhältnisse womöglich an anderer Stelle produzieren kann. Insofern muss – gegen Boehm und mit Butler – der Raum für Differenz und für das Heterogene und begrifflich Ungreifbare der Erfahrung neu geöffnet werden.

Erfahrung und Utopie

Um zu verdeutlichen, wie ich Omri Boehm und Judith Butler zusammenführen möchte, will ich eine Figur aus dem Aphorismus »Zum Ende« aus Adornos *Minima Moralia* (1951) aufgreifen – obgleich sie einem anderen Erfahrungshintergrund und anderen Diskussionszusammenhängen entstammt. »Philosophie, wie sie im Angesicht der Verzweiflung einzig noch zu verantworten ist«, so heißt es darin, »wäre der Versuch, alle Dinge so zu betrachten, wie sie vom Standpunkt der Erlösung aus sich darstellten.« Dieser Versuch bestünde in der Herstellung von »Perspektiven«, in denen sich »die Welt« in all den »Rissen und Schründen« zeigen könnte, die einer solchen Erlösung oder Befreiung tatsächlich im Weg stehen. Zugleich aber seien solche Perspektiven »ganz aus der Fühlung mit den Gegenständen heraus […] zu gewinnen«.

Beide Seiten einer identitätskritischen Politik lassen sich anhand dieses Gedankens Adornos – im Verhältnis zwischen dem »Standpunkt der Erlösung« und der »Fühlung mit den Gegenständen«, zwischen dem ganz Fernen und dem ganz Nahen – beschreiben und vermitteln. Zunächst verweist die Idee einer Erkenntnis, die »aus der Fühlung mit den Gegenständen« zu gewinnen sei, auf den Anspruch, das Heterogene der Erfahrung hervortreten zu lassen. Wirklich erkenntnisreiche Perspektiven auf die Welt seien nur aus einer solchen Heterogenität heraus, die jeder begrifflichen Vereinheitlichung widersteht, zu gewinnen. Die »Welt« zeigt sich nicht im

---

14 Das weiß im Übrigen selbst Kant schon, der in seiner *Kritik der Urteilskraft* gerade mit der Lücke ansetzt, die sich an der Frage auftut, wie sich das normative Postulat des Kategorischen Imperativs zu verwirklichen hätte. Dieses Postulat und der damit einhergehende Begriff der Menschheit taugen per se nichts, um konkret diese Verwirklichungsbedingungen zu denken.

Allgemeinen, sondern nur im Kleinen, in der Singularität der Erfahrung. Diese Annahme impliziert auch, anzuerkennen, dass sie sich entsprechend anders darstellen wird, je nachdem, an welchem Ort man sie bewohnt und in welchem Körper man sie erfährt. Wer auf der Flucht vor Krieg und Verfolgung auf die Grenzen Europas stößt, wer für einen Hungerlohn arbeitet, wer befürchten muss, durch den eigenen Partner Gewalt zu erfahren, wird je unterschiedliche »Perspektiven« auf vorhandenes Leid und die Bedeutung politischer Kämpfe gewinnen. Dies gilt es anzuerkennen, ohne damit diese jeweiligen Erfahrungen etwa entlang von Identitätskategorien zu vereinheitlichen.

Zugleich aber nimmt Adorno an, dass das Hervortretenlassen des Heterogenen in seiner Unmittelbarkeit per se noch keine Erkenntnis ist, dass also erst noch Perspektiven daraus *gewonnen* werden müssen – und er geht (zumindest hier in den *Minima Moralia*) davon aus, dass diese Transformation von Leid in Erkenntnis nur vom »Standpunkt der Erlösung« aus vollzogen werden kann, also (um in meinem Vokabular zu bleiben) nur durch die Bezugnahme auf einen utopischen Horizont. Warum braucht es einen solchen Horizont, um Leid in Erkenntnis umzuwandeln? Den »Standpunkt der Erlösung« einzunehmen bedeutet, in Distanz zum Bestehenden zu treten – nicht nur, um nicht zu resignieren, sondern mit Blick auf die *Möglichkeit* eines Besseren Kritik am Bestehenden üben zu können. Vielmehr kann die Idee eines solchen Standpunkts auch einen Verbindungspunkt zwischen den eigenen Erfahrungen und denen der anderen herstellen.

Im Gegensatz zu einem durch Identitätskategorien bestimmten »Standpunkt«, wie er sich in der Standpunkttheorie findet, zeichnet sich die Idee eines »Standpunkts« der Erlösung durch die Hoffnung aus, dass es möglich sei,[15] über das Bestehende – und damit über das Partikulare des je eigenen Leids – in der Reflexion hinauszugehen.[16] Schließlich kann es Erlösung (in diesem utopischen, nichtreligiösen Sinn) nur universell geben, so dass den Standpunkt der Erlösung einzunehmen den Anspruch implizieren muss, das eigene Leid mit Blick auf das der anderen zu reflektieren. In dieser distanznehmenden Reflexion ist die »Perspektive« im Unterschied zur Unmittelbarkeit der Erfahrung zu verstehen. Selbst ein tieferes Verständnis der je

---

15 Dies im gleichzeitigen Wissen über die absolute Unmöglichkeit, einen solchen Standpunkt tatsächlich einzunehmen.

16 Hier sehe ich eine (wenn auch offenbar brüchige) Verbindung zu Kants »allgemeinem Standpunkt«, der in der Reflexion über die Subjektivität und Partialität des je eigenen ästhetischen Urteils zu erarbeiten wäre (so Kant in der *Kritik der Urteilskraft*).

eigenen Erfahrung wird erst durch solche Perspektiven möglich – das heißt durch die Bereitschaft, über das »bloß« Eigene des Leids hinauszugehen und die Deutungen und Perspektiven der Anderen in die eigenen einfließen zu lassen.

In diesem Sinn lassen sich etwa die erinnerungspolitischen Bündnisse begreifen, die sich im Zuge der rassistisch und antisemitisch motivierten Anschläge am 9. Oktober 2019 in Halle und am 19. Februar 2020 in Hanau gebildet haben. Die Aktivistinnen, Überlebenden und Angehörigen, die in diesen Bündnissen zusammenkommen, haben dem politischen Diskurs die Erfahrungen und das Wissen derjenigen zur Verfügung gestellt, die schon lange *vor* diesen Anschlägen mit Gewalt und Exklusion zu kämpfen hatten, so dass diejenigen, die bereit sind, hinzuhören, dadurch bessere »Perspektiven« über Formen von Leid und die Notwendigkeit von Kämpfen in der deutschen Bundesrepublik gewinnen konnten – ohne dabei das Unvermittelbare und nicht zu Vereinheitlichende der Erfahrung, eine geliebte Person in einem Anschlag rechten Terrors zu verlieren, überblenden zu müssen.

Darüber hinaus aber ist es diesen Bündnissen auch gelungen (obwohl diese Begegnungen auch fragil und immer wieder bedroht sind), Berührungspunkte zwischen den unterschiedlichen Weisen der »Gefährdung« herzustellen, mit denen die vereinheitlichend so genannten »Betroffenen« konfrontiert sind – Unterschiede, die eben nicht zuletzt auch mit den Unterschieden von Rassismus und Antisemitismus zu tun haben. In der Aussage »Erinnern heißt Verändern«, die in diesen Bündnissen im Zentrum steht, zeigt sich die Voraussetzung eines gemeinsamen Horizonts, der die Unterschiede dieser jeweiligen »Gefährdungen« übersteigt, ohne sie damit zu vereinheitlichen.[17] Von der Arbeit solcher Bündnisse ist demnach viel zu lernen.

17 So beschreibt Hannah Peaceman die politische Bereicherung, die in diesen Bündnissen liegt: Es seien darin Worte gefunden worden, »um ihre eigenen Geschichten für die Geschichten anderer zu öffnen und sich selbst in der Geschichte der anderen zu verorten. Natürlich waren ihre Erfahrungen nicht die gleichen; aber sie teilten eine gemeinsame Haltung, die sie aus ihren Erfahrungen heraus entwickelt hatten.« Hannah Peaceman, *Eine Utopie der Erinnerung*. In: *taz* vom 8. August 2021 (taz.de/Umgang-mit-Erinnerungskultur/!5789388/).

Oliver Weber
Krise ohne Alternative

I.

»Nö«. – So lautete die Antwort des Bundeskanzlers auf die Frage einer Journalistin am Wahlabend, ob er die Ergebnisse der Europawahl kommentieren wolle. Ein paar Stunden vorher war bekannt geworden, dass die SPD ihr Ergebnis aus dem Jahr 2019 noch einmal unterbieten wird – bis dato das schlechteste gesamtdeutsche Resultat der Sozialdemokraten seit dem Jahr 1890. Gravierend fiel auch der Vergleich zur letzten Bundestagswahl aus: Mindestens sechs Millionen Menschen, die vor drei Jahren ihr Kreuz bei der SPD gemacht hatten, wählten nun entweder gar nicht oder entschieden sich für eine andere Partei. Dass ein solcher Verlust von Wählerstimmen und dem damit einhergehendem Wählervertrauen nicht dauerhaft unkommentiert bleiben kann, hat Olaf Scholz in den Wochen nach der Wahl offenbar eingesehen und seine anfängliche Kommunikationsverweigerung inzwischen aufgegeben – allerdings nur in einem sehr formalen Sinn.

Wenn er auf Pressekonferenzen und bei Regierungserklärungen nun über mögliche Lehren aus der Niederlage seiner Partei spricht, dann hört man immer noch dasselbe »Nö« tönen – nur klingt es jetzt anders und ist besser versteckt. Es heißt dann etwa: Man dürfe einerseits »nicht einfach zur Tagesordnung übergehen«, müsse andererseits aber jetzt erst recht »seine Arbeit machen«; man solle sich aufgrund der Stimmgewinne rechtspopulistischer Parteien »Sorgen machen«, gleichzeitig gäbe es aber weiterhin »eine klare Mehrheit in Europa«, die den Status quo mitträgt; Krisen hätten zwar zugenommen und die Bevölkerung nehme das auch wahr, aber nun brauche es in erster Linie Zuversicht und in zweiter Linie weniger dramatisierende Kritik.[1]

Alles wird schlimmer – aber alles muss auch ungefähr so weiterlaufen, wie es jetzt läuft: So könnte man den sachlichen Kern dieser paradoxen Formulierungen zusammenfassen. Anders als bei anderen politischen Rhetoriken wird hier nicht versucht, einen miserablen Sachverhalt zu beschönigen oder ein offenkundiges Problem zu beschweigen, ja, dass die Lage der Dinge im Allgemeinen Sorge bereiten muss, wird sogar frei heraus zugestanden. Nur scheint die Konklusion, die daraufhin folgt, nicht zur Prämisse zu passen. Würde man erwarten, dass aus einer dramatischen Beschreibung der

---

1 So der Bundeskanzler bei einem Pressestatement am 10. Juni und im Zuge seiner Regierungserklärung vor dem Deutschen Bundestag am 26. Juni 2024.

Situation auch eine dramatische Konsequenz gezogen wird, verspricht die Redeweise des Bundeskanzlers im Wesentlichen besonnene, vielleicht noch verstärkte Fortsetzung des Bisherigen. Diese Fähigkeit, eine rhetorische Brücke zwischen Problembeschreibung und Lösungsidee zu schlagen, obwohl beide himmelweit auseinanderklaffen, ist jedoch nicht auf das politische Spitzenpersonal beschränkt: Es handelt sich hier um ein generelles Merkmal des nun schon seit über einem Jahrzehnt blühenden Krisendiskurses, den liberale Demokraten zur Rettung der liberalen Demokratie mit sich selber führen.

Zunächst wird immer ein düsteres Bild gezeichnet. So beobachten etwa Armin Schäfer und Michael Zürn in ihrem vor drei Jahren erschienenen Buch eine »neue Welle demokratischer Regression«, bei der auch in etablierten Demokratien nicht mehr ausgemacht sei, dass sie sich in Zukunft durch faire und freie Wahlen, eine plurale Öffentlichkeit, Grundrechte und Rechtsstaatlichkeit auszeichnen würden. »War der Verfall der Demokratie lange Zeit etwas, das aus der Perspektive von Westeuropäerinnen nur in fernen Ländern stattfand, kommen die Einschläge nun näher.« Ursache hiervon sei eine »doppelte Entfremdung von der Demokratie«: Einerseits habe sich die »Distanz der demokratischen Praxis vom Ideal der kollektiven Selbstbestimmung« vergrößert, »weil Entscheidungen in nicht durch Wahlen legitimierte und kaum durch die Bürgerinnen kontrollierte Gremien verlagert werden« – etwa wenn Zentralbanken das wirtschaftspolitische Geschick bestimmen. Andererseits wenden sich auch immer mehr Bürger von der Demokratie ab, »weil sie sich nicht länger repräsentiert fühlen«. Sie haben den Eindruck, dass das demokratische Spiel gezinkt ist. Hier habe der »autoritäre Populismus« seinen Ursprung. Er profitiere davon, dass weite Teile der Bevölkerung diese »Kluft zwischen Anspruch und Wirklichkeit« der Demokratie wahrnehmen und glauben, ihre Interessen nur gegen die etablierten Prozeduren durchsetzen zu können.

Aber wie ist dem Gebrechen abzuhelfen? Schäfer und Zürn diskutieren, wie viele andere Autoren dieses Genres, eine ganze Liste zweckdienlicher Antworten: Zunächst müsse man weiteren »technokratischen Versuchungen« widerstehen und wieder »den Bürgerinnen vertrauen« lernen, was mindestens bedeutet, demokratische Mehrheitsentscheidungen nicht weiter zu beschränken. Nachdenken könnte man auch über sogenannte »Mini-Öffentlichkeiten«, also deliberative Bürgerversammlungen, die den etablierten Entscheidungsmechanismen an die Seite gestellt werden, während die Parteien versuchen sollten, unterrepräsentierte Bürger gezielt zu rekrutieren. Die nicht gewählten, aber überaus mächtigen Institutionen wie Zentralbanken müssten demokratischer werden, indem sie etwa in Umfragen »Bürger konsultieren«. Der Europawahl hingehen würde die Einführung eines diesmal auch durchzuhaltenden Spitzenkandidatenprinzips und die Transnationalisierung der Wahllisten weitere Legitimation verschaffen, womöglich könnte man auch europaweite Referenden in Aussicht stellen, bei denen allerdings »Verteilungsfragen« außen vor bleiben müssten. Schließlich würde auch mehr »kosmopolitische Leidenschaft« und ein wenig »Ambiguitätstoleranz«-Training in den Schulen nicht schaden. Denn: »Die Verteidigung der Demokratie erfordert mehr Demokratie.«[2]

Auffällig ist, dass das Autorenduo – analog zur Rhetorik des Kanzlers – in der Rolle des Kritikers in einer weitaus schärferen Tonlage spricht als in der Rolle des Politikberaters. Wurde auf beinahe zweihundert Seiten zuvor die fundamentale Gefahr beschworen, der liberale Demokratien gegenwärtig ausgesetzt sind, und ausführlich beschrieben, wie die Globalisierung seit den 1990er Jahren die majoritären Entscheidungsspielräume immer weiter verengt hat, bis es zum Ausbruch einer »Repräsentationskrise« kam, die nun ihr hässliches Gesicht zeigt, fällt das Endkapitel recht unaufgeregt aus. Ein paar Reförmchen hier und da, so lernt man auf den letzten Seiten, sind bedenkenswert, wenn man beabsichtigt, das Problem zumindest zu verkleinern. Die Krise scheint so einschneidend also nicht zu sein, dass nun grundsätzliche, strukturverändernde Entscheidungen diskutiert werden müssten.

Dieser seltsamen Anti-Dramaturgie, bei der kurioserweise auf die Beschreibung der Katastrophe ein retardierendes Moment folgt, gehorcht ein Großteil der Bücher, die in den vergangenen Jahren im Demokratierettungs-Genre erschienen sind: Der demokratische Verfassungsstaat befinde sich in einer tiefen Krise, womöglich sogar im »Sterben«; setzen müsse man nun auf lagerübergreifende Koalitionen, die sich schützend vor seine Institutionen stellen und eine umfangreichere Sozialpolitik betreiben (Levitsky und Ziblatt). Mit dem »Zerfall« der liberalen Demokratie sei zu rechnen – das naheliegende Mittel, ihn aufzuhalten, sei eine klügere Steuerpolitik und ein inklusiverer Patriotismus (Yascha Mounk). Die autoritäre Wende, die andere Länder bereits vollzogen haben, drohe nun auch den Vereinigten Staaten – höchste Zeit, dass man die Parteienfinanzierung in den Griff bekommt und womöglich ergänzend Bürgerräte einsetzt (Jan-Werner Müller). Selbst Colin Crouch, der seine Postdemokratie-These jüngst noch einmal

2 Armin Schäfer / Michael Zürn, *Die demokratische Regression*. Berlin: Suhrkamp 2021.

bekräftigt hat, verweist nur vage auf mehr internationale Zusammenarbeit und bessere politische Bildung, um der Malaise zu entkommen.[3]

II.

Warum diese Diskrepanz? Woran liegt es, dass über ein Jahrzehnt Krisendiskurs, samt weiterhin andauerndem Ursachenforschen und Datensammeln, Zeitdiagnostizieren und Beschuldigen, die Asymmetrie zwischen Problembeschreibung und Antwortvorschlägen nicht wirklich hat beseitigen können? Alle der genannten Autoren konstatieren eine tiefgreifende Krise des Typus »liberale Demokratie«, die auf die eine oder andere Art mit den Folgen kultureller, ökonomischer und politischer Globalisierung zu tun hat, ohne aber daraus den Schluss zu ziehen, dass die grundlegenden Strukturelemente der globalisierten, liberalen Demokratie selbst infrage zu stellen wären. Sie soll – wie eh und je – wesentlich repräsentativ verfasst, grundrechtsbewährt und gerichtsüberwacht, marktwirtschaftlich organisiert und vor allem global verflochten sein, sich außerdem im politischen Mehrebenensystem weiter integrieren und eigentlich auch soziokulturell pluralisieren. Ihre Krise wird gesehen und von Wahl zu Wahl in noch dunkleren Farben gemalt, aber die diskutablen »Alternativen« bewegen sich, wenn sie nicht völlig abstrakt bleiben, nichtsdestotrotz weiterhin beinahe vollständig im Rahmen des Status quo.

Nun soll hier nicht behauptet werden, dass radikale Alternativen auf der Hand lägen oder eine offenkundige Antwort böten. Doch nach über einem Jahrzehnt Krisendiskurs könnte es sich lohnen, dessen politische Unbeirrbarkeit als eigenständiges zeitgeschichtliches Phänomen ernst zu nehmen und danach zu fragen, wie dieser Diskurs mit der Krise *verstrickt* ist, die er in vielen Formen und Varianten beschwört und letztlich überwinden will. Denn gerade unter modernen Bedingungen gilt, wenn man Reinhart Kosellecks begriffsgeschichtlicher Grundeinsicht folgt, dass die Kategorien, mit denen die Zeitgenossen ihre eigene Situation beschreiben, zugleich Faktoren des historischen Geschehens sind: Die Lage- und Selbsteinschätzungen der Akteure verändern das Spiel, das sie zu fassen versuchen. Philip Manow hat eine solche Historisierung jüngst für den allgemeinen Fall des Konzepts der »liberalen Demokratie« unternommen, das in den 1990er Jahren im Zuge weitreichender Verrechtlichung und Konstitutionalisierung zum Leitwert aufgestiegen ist und nun gegen den Angriff der Populisten verteidigt werden

---

3 Vgl. Dirk Jörke, *Liberale Demokratietheorie in der Krise*. In: *Neue Politische Literatur*, Nr. 67, 2022.

soll.[4] Wie aber ist jene *Alternativlosigkeit* zu erklären, von der die Verteidiger der liberalen Demokratie weiterhin, trotz Krise und Krisenhäufung, überzeugt zu sein scheinen?

Christian Meier hat eine ähnliche Verstrickung von Krise und Krisendiskurs 1962 am Beispiel der Spätphase der römischen Republik beschrieben. In der Einführung zu einer späteren Auflage beschreibt der Historiker, wie ihm klar wurde, dass eigentlich nicht der Untergang der römischen Republik erklärungsbedürftig ist, sondern viel eher die Tatsache, dass sich dieser Untergang so lange hinzog. »Eine Bürgerschaft, die mit den nur leicht adjustierten Institutionen einer kleinen Gemeinde ein Weltreich regiert«, »Große Einzelne«, die einem eigentlich nicht vorgesehenen Berufsheer vorstehen und vom Senat umso erbitterter bekämpft werden, je mehr das Imperium auf sie angewiesen ist – warum führte die Sprengkraft dieser Situation gut hundert Jahre lang nicht dazu, dass das politische System sich grundlegend reformierte und wieder lebensfähig wurde?[5]

Meier entwickelt anhand des Handelns der verschiedenen gesellschaftlichen und politischen Klassen – Bauern, städtischer Plebs, Ritter, Senat und Feldherren – das Modell eines krisengeplagten politischen Systems, das außerstande ist, die es bedrohenden Tendenzen in den Bereich des politisch Entscheidbaren zu überführen: Die wachsende Macht der Ritter war in die bestehenden Institutionen nicht mehr zu integrieren, weil sie aber ihre politischen Ansprüche vornehmlich zur Sicherung wirtschaftlicher Ziele nutzten, schufen sie auch keine neuen; die Landarmut der Bauern bot ein starkes Argument und mächtigen Rückhalt dafür, die Funktionsweise der Oligarchie zu stören, doch die Schwierigkeit, eine dauernde Präsenz dieser Schicht in der elitengeprägten Stadt zu garantieren, bewirkte, dass das Problem bloß eine *Störung* blieb – kein Beitrag zur Lösung wurde. Die Soldaten und Veteranen entwickelten zunehmend verfassungsinadäquate persönliche Loyalitäten zu ihrem Feldherrn, waren aber mit Kriegsbeute und Landversprechen immer wieder hinreichend zufriedenzustellen, so dass sie spät erst zum dauerhaften politischen Faktor aufstiegen; der urbane Plebs war für verfassungswidrige Einzelabstimmungen und als Schlägertrupp immer leichter zu gewinnen, aber aufgrund stabiler Klientelverhältnisse und kurzzeitiger Geschenke auch wieder zu beruhigen. Die »Großen Einzelnen« schließlich – von den Gracchen bis Cäsar – überschritten als

4 Philip Manow, *Unter Beobachtung. Die Bestimmung der liberalen Demokratie und ihrer Freunde.* Berlin: Suhrkamp 2024.
5 Christian Meier, *Res publica amissa. Eine Studie zu Verfassung und Geschichte der späten römischen Republik.* Stuttgart: Franz Steiner 2017.

faktische Regenten des Imperiums zunehmend das Comment der Senato-
renschicht, konnten ihren persönlichen Standpunkt aber nie dauerhaft mit
einer wirklichen »politischen Sache« verknüpfen, was den Senat nur dazu
veranlasste, umso dogmatischer an den Formalia der alten Stadtverfassung
festzuhalten und den Ehrgeiz Einzelner ängstlich auszubremsen.

»Krise ohne Alternative«, so lautet Meiers genialer Begriff für diese Kon-
stellation, in der die Unwirklichkeit der bestehenden politischen Verfassung
längst allgegenwärtig und spürbar ist, die sich akkumulierenden Krisentendenzen aber bloß negativ, bloß störend wirken, ohne eine bestimmte politische Alternative zu begünstigen. »Es geht im Zentrum um das Politische,
dabei aber zugleich um dessen Krise, die gerade darin bestand, daß die
eigentlichen Veränderungen politisch nicht einzufangen waren.« Das, was
politisch kontrovers war, bildete einen immer kleineren Ausschnitt dessen,
was politisch-sozial mutierte. Schließlich »überstieg es nicht nur die Kräfte
dieser Gesellschaft, die Dynamik der Veränderungen in den Griff zu bekommen, sondern es war ihr auch unmöglich, sie zu erkennen. Der Senat stand
sich selbst im Licht. Denn jeder erwartete von ihm die Lösung, und er wußte
nichts Besseres als das Hergebrachte weiter zu praktizieren.« So machte sich
»jenes Gemisch von borniertem Stolz und weichem Laisser-Aller, innerer
Verhärtung und schlechtem Gewissen, Dickfelligkeit und dumpf-gereiz-
ter Resignation breit, das einzutreten pflegt, wenn eine Gesellschaft überfordert ist.«

Für Meier lag das Grundübel jener verlorenen, aber paradoxerweise immer noch bestehenden Republik darin, dass die in ihr agierenden Kräfte
mit der gesellschaftlich-politischen Grundverfassung derart verwachsen
waren, dass eine Alternative schlichtweg nicht reell vorstellbar war. »Auf
diese Weise *war* diese Bürgerschaft ihre Ordnung, mit Haut und Haaren.«
Man spürte, dass so wie ehedem nicht mehr regiert werden konnte, und
ließ »die Ordnung« diese Unzufriedenheit auf vielfältige Weise spüren. Man
handelte und dachte aber weiterhin so, als ob es kein Jenseits dieser ererbten
republikanischen Verfassung gäbe, als müssten alle Spannungen, Konflikte
und Krisen letztlich innerhalb ihrer Voraussetzungen gelöst werden – und
verlängerte und vertiefte auf diesem Weg die Krise immer weiter.

III.

Modernen politischen Gemeinwesen kann man schwerlich vorwerfen, sie
würden sich nicht beständig mit der Entwicklung ihrer selbst, konkur-
rierenden Deutungen ihres Zustands, den Begebenheiten ihrer Nachbarn
und möglichen alternativen Zukünften befassen. Dass alles kontingent und

darüber hinaus beschleunigtem Wandel ausgesetzt ist, dürfte zu den beliebtesten Phrasen heutiger Gesellschaftsbeobachtung gehören. Als Meier 2017 für die vierte Auflage von *Res publica amissa* ein neues Vorwort schrieb, drängten sich ihm die Parallelen zur Gegenwart dennoch auf: »Die Figur einer Krise ohne Alternative erscheint inzwischen nicht mehr so exotisch wie vor einem halben Jahrhundert.« Bei den ersten Veröffentlichungen seiner Studie hätte man teilweise noch in der Gewissheit gelebt, dass »Revolution« und »Reform« eigene Geschichtskräfte darstellen, die das Gemeinwesen beständig umarbeiten. »Heute erscheint da vieles sehr anders. Das römische Beispiel könnte an Aktualität gewinnen.« Überhandnehmende Störungen, dauerhafte Krisen, Unregierbarkeit – und doch nichts wesentlich *Anderes* in Sicht, ja, noch nicht einmal vorstell- und diskutierbar.

Die analoge Frage müsste also lauten: Wieso erscheint der gegenwärtige Krisendiskurs ebenso eng mit dem verwachsen, dessen Krise er beschreibt, obwohl die Fähigkeit zur Wahrnehmung von Kontingenz und die politische Fantasie unendlich größer sein dürfte als vor zwei Jahrtausenden? Einigen Aufschluss bietet hier die historische Selbstverortung der genannten Autoren. In vielen Zeitbeobachtungen ist die Alternativlosigkeit der bestehenden, global integrierten liberalen Demokratie nämlich kein *bug*, sondern ein *feature*: Man ist sich zwar im Allgemeinen unsicher, wie die Republik gerettet werden könnte, aber überaus selbstgewiss, was *nicht* zum Tableau des politisch Möglichen gehört. »Wie können wir das Repräsentationsproblem lösen?«, fragt Michael Zürn etwa und präzisiert: »Wie können wir nichtmajoritäre Institutionen so reformieren, dass sie responsiver werden und weiterhin gute Ergebnisse in einer komplexen, globalisierten und pluralisierten Welt erzielen?« Wichtig ist, was diese Frage bereits voraussetzt: Die Welt ist »komplex«, »globalisiert« und »pluralisiert« – man kann nur Ergebnisse innerhalb ihres Rahmens produzieren. Denn: »Vereinfachte Lösungen, die darauf abzielen die institutionellen Grundlagen der Demokratie zu re-nationalisieren und homogenisieren, wie dies die autoritären Populisten fordern, greifen in einer globalisierten Welt zu kurz«.[6]

Diese Vorfestlegung ist kein Einzelfall. In einem Vortrag aus dem Jahr 2018 beschreibt etwa Rainer Forst das gegenwärtige »Bewusstwerden der Machtlosigkeit gegen die Prozesse der ›Globalisierung‹« und beklagt, man hätte im Westen »die Fähigkeit zu normativer Ordnungsbildung und Ordnungsvorstellung eingebüßt«. Nun sieht die Demokratie »sich Strukturen

---

6 Michael Zürn, *Globalisierung und demokratische Regression.* In: Ralf Fücks / Rainald Manthe (Hrsg.), *Liberalismus neu denken. Freiheitliche Antworten auf die Herausforderungen unserer Zeit.* Bielefeld: transcript 2022.

gegenüber, die sie nur noch hinnehmen zu müssen scheint«. Aber jede reale politische Richtung, die Souveränität zurückgewinnen will – über Grenzen oder Kapitalströme –, muss scheitern, »da sie eine nationale Lösung für ein globales Problem vorschlägt«. Helfen kann nur eine Transnationalisierung der Demokratie, aber das ist, wie der Redner selbst zugibt, »schon innerhalb Europas unendlich schwierig«, geschweige denn im globalen Maßstab wirklich vorstellbar.[7]

Die globalisierte, liberale Demokratie hat also die Kontrolle über sich selbst verloren, aber es ist ihr unmöglich, diese Kontrolle zurückzugewinnen: Unter diesem Axiom operiert ein Großteil des gegenwärtigen Krisendiskurses. Man führt auf seltsame Weise die Globalisierungsgeschichtsphilosophie der 1990er und 2000er Jahre fort – nur dass nun jede Euphorie daraus entschwunden ist. Zieht man die Freude über die Entwicklung ab, könnte sich ein Großteil der Autoren noch immer auf das Diktum Bill Clintons einigen, wonach die Globalisierung das »ökonomische Äquivalent natürlicher Kräfte ist, wie Wind oder Wasser«, oder zumindest auf die Antwort Tony Blairs aus dem Jahr 2005, als er Globalisierungskritikern entgegenschmetterte, man könne genauso gut darüber diskutieren, ob der Sommer auf den Frühling folgen sollte. Colin Crouch äußert sich, trotz all seiner Kritik am gegenwärtigen Weltzustand, in dieser Frage ganz offen: Der »Entschluss zur Ent-Globalisierung« und der »Abbruch vieler Wirtschaftsbeziehungen« könne nur »zu weiteren Verwerfungen« und Katastrophen führen. Eigentlich könne also die »Globalisierung nicht rückgängig« gemacht werden.[8]

Ungewollt sind viele der Zeitdiagnosen unerwartet fukuyamaesk: Die Kräfte des Weltmarkts und der damit einhergehenden kulturellen und politischen Liberalisierung sind mehr oder weniger unbezwingbar – nur will niemand mehr so richtig daran glauben, nicht einmal Fukuyama selbst,[9] dass es in diesen globalisierten liberalen Demokratien besonders freudvoll, zufriedenstellend oder auch nur stabil zugehen wird. Das Hauptargument verschiebt sich infolge dieser geschichtsphilosophischen Prämisse und unter dem Eindruck der allgemeinen Krisentendenzen von der Exzellenz des Bestehenden zu seiner Alternativlosigkeit: Toll ist es nicht, aber jenseits der liberalen, repräsentativen, in den globalen Weltmarkt und internationale

7 Rainer Forst, *Die Demokratie zerfällt in zwei Hälften.* Vortrag am 3. November 2018 im Rahmen der 46. Römerberggespräche in Frankfurt (aktuelles.uni-frankfurt.de/ gesellschaft/die-demokratie-zerfaellt-in-zwei-haelften-ein-beitrag-von-prof-rainer-forst/).
8 Colin Crouch, *Postdemokratie revisited.* Aus dem Englischen von Frank Jakubzik. Berlin: Suhrkamp 2021.
9 Francis Fukuyama, *Boredom at the End of History, Part I.* In: *American Purpose* vom 28. Mai 2024 (www.americanpurpose.com/articles/boredom-at-the-end-of-history-part-i/).

Organisationen eingebundenen Demokratie wartet nichts Geringeres als die Katastrophe. In diesem Sinne schreibt etwa Jan-Werner Müller, nachdem er sich zum Teil zustimmend mit zwei prominenten Kritikern des liberalen Zeitgeists auseinandergesetzt hat, dass man immerhin wüsste, dass die anderen Optionen unendlich viel schlimmer seien.[10]

Jene »Krise ohne Alternative«, an die sich Meier in Bezug auf die Gegenwart erinnert fühlte, liegt in dieser bestimmten Form der Geschichtsphilosophie begründet: Je bedrohlicher die Krise der globalisierten liberalen Demokratie, desto sicherer ist man sich in ihrer Mitte, dass es sich bei ihr um die relativ beste aller noch möglichen Welten handelt. Auch wenn ein bestimmtes Ausmaß globaler ökonomischer, politischer und kultureller Integration zunehmend selbstzerstörerisch wirkt, so weiß man doch, dass da größtenteils einfach nichts zu machen ist. Es gibt keine einfachen Lösungen für komplexe Fragen, keine nationalen Antworten auf globale Probleme, kein Zurück hinter die Welt des 21. Jahrhunderts, obwohl die Fragen immer drängender, die Probleme immer gravierender und die Welt des 21. Jahrhunderts immer unhaltbarer erscheint.

Diese geschichtsphilosophischen Vorfestlegungen erfolgen jedoch nicht zufällig, sondern erfüllen eine politische Funktion. Sie kommt typischerweise immer dort zum Vorschein, wo auf die Aspirationen populistischer Bewegungen eine Antwort gefunden werden soll. Mit ihr kann man zeigen, dass, obwohl die Krisen überhandnehmen, alle politischen Bewegungen, die ein Jenseits dieser Form der global eingefassten liberalen Demokratie suchen, letztlich scheitern müssen, weil sie sich den notwendigen Imperativen der Zeit nicht zu stellen vermögen. Man kann mit ihr sogar Wahlen gewinnen – etwa wenn man darauf hinweist, dass vieles schlecht läuft in der Welt, aber ein Wahlsieg Le Pens oder Trumps die Dinge noch unendlich viel schlimmer machen würde. Dass man sich also lieber an das kleinere Übel halten sollte, an Parteien, die das Notwendige verkörpern und es fortverwalten, ohne alles aufs Spiel zu setzen. Mit Argumenten dieser Art werden in westlichen Demokratien immer öfter Wahlkämpfe geführt beziehungsweise Wahlniederlagen ignoriert, wie im Fall des Bundeskanzlers.

Aber wie lange trägt ein solches Argument? Kann man eine in die Krise geratene politische Ordnung dauerhaft verteidigen, indem man die Wählerschaft von ihrer geschichtlichen Alternativlosigkeit zu überzeugen versucht? Die jüngsten Wahlergebnisse in Frankreich legen nahe, dass eine solche

---

10 Jan-Werner Müller, *Die Dauerkrise des Liberalismus*. In: *Project Syndicate* vom 5. Januar 2024 (www.project-syndicate.org/onpoint/opponents-and-defenders-of-political-liberalism-by-jan-werner-mueller-2024-01/german).

Strategie nicht ewig aufgehen kann: Irgendwann fragen sich womöglich wachsende Teile des Elektorats, ob diese vermeintliche Alternativlosigkeit nicht eine Probe aufs Exempel verdient und die Geschichte nicht einen anderen Weg einschlagen könnte. Umgekehrt hat die ewige Wiederholung geschichtsphilosophischer Gewissheiten ungemeines Potential, diejenigen zu täuschen, die mit ihnen hantieren: Stets beschäftigt, sich von der Unausweichlichkeit einer bestimmten politisch-ökonomischen Formation zu überzeugen, übersieht man vielleicht offene Reformmöglichkeiten.

Könnten etwa bestimmte Formen der Deglobalisierung nicht dabei helfen, jene Standortkonkurrenz zu verringen, die seit über zwei Jahrzehnten als Argument gegen hohe Löhne, einen erweiterten Sozialstaat oder höhere Besteuerung verwandt wird? Muss eine demokratische Bürgerschaft nicht über das Ausmaß ihrer sozialkulturellen Pluralisierung politisch entscheiden können, ohne eingeredet zu bekommen, dass dies nun mal der Lauf der Welt wäre oder die Regeln des Europarechts es vorschreiben? Welche Wege gäbe es, hier und an anderen Stellen für mehr Spielraum zu sorgen, das heißt ins politisch Entscheidbare zu überführen, was – hört man auf den gegenwärtigen Krisendiskurs – angeblich unausweichlich, historisch alternativlos ist?

Die Gewissheiten, die man zur Abwehr der populistischen Gefahr – bislang sogar überwiegend erfolgreich – gebraucht, haben den Charakter einer Selbsttäuschung. Sie lassen politische Optionen verschwinden, die zu erwägen wären, wenn man Antworten auf die sich zuspitzende Repräsentationskrise liberaler Demokratien sucht. Doch diese Seite des Problems rückt notwendigerweise in den Hintergrund, je mehr sich die Gefährdung des politischen Systems aufdrängt. Wer macht sich schon über alternative Zukünfte Gedanken, wenn man die Behauptung fester Zukunftsverläufe braucht, um die Aspirationen des politischen Gegners zu entkräften? Sollte eines Tages *diese* defensive Logik die Befragung der eigenen Gewissheiten gänzlich verdrängt haben, dann wäre die vorherrschende Krise wirklich alternativlos geworden. Nicht, wie noch in Meiers Fall, weil man sich von der hergebrachten Ordnung geistig nicht hat lösen können. Sondern weil man sie nur verteidigen zu können glaubte, indem man umso kräftiger an ihrer geschichtsphilosophischen Dignität festhielt.

Pascal Richmann
Interessante Menschen

Die Expo-Monologe

I.

Hier spricht Ralf W. Schmitz. Das W. ist wichtig, ich bin ja der Archäologe. Seit ich denken kann, wollt ich diesen Beruf ergreifen, etwas tun, wo ich auch meine Hände benutze. Wenn man so will, hat sich mein ganzes Leben in Steinbrüchen abgespielt. 1965 wollt ich nicht mal mit nach Amerika – ich wollt im Sandkasten hocken bleiben, bei meinen Asseln und Ameisen. Am Tag der Abreise hab ich mir dann einen Strohhalm in den Mund gesteckt und so lang im Sand gewühlt, bis ich ganz verschwunden war. Mutti wusste natürlich, wo sie mich finden würde. Und ich bin ihr auch dankbar, dass sie mich ausgebuddelt hat, sonst hätte ich die Expo verpasst, New York, das war ja etwas Besonderes, vor allem für einen Vierjährigen.

Mit dem It's-a-Small-World-Ride bin ich fünf- oder sechsmal gefahren, und weil ich bei jeder Runde eine Dose Pepsi bekam, war ich total wacklig auf den Beinen, als wir weiter zu Sinclairs Dinoland sind. So wie der UNICEF-Pavillon von Pepsi gesponsert wurde, warb das Dinoland für den damals berühmten Tankstellenbesitzer. Um auszugleichen, dass er früher Mussolini unterstützt und amerikanische Politiker bestochen hatte, und auch weil die PR-Abteilung annahm, Erdöl wäre aus Dinosauriern entstanden, wählte sie einen friedlichen Dino als Logo.

Jahrzehnte später, ich lehrte schon an der Uni Bonn, hat mir eine Studentin erzählt, sie habe sich wegen der Disney-Serie *Die Dinos* eingeschrieben, wegen Earl, Fran und Robbie Sinclair. Wenn man so will, sind unsere Leben mit dem Namen eines ganz gemeinen Verbrechers verbunden.

Eine andere Leidenschaft, die ich von der Expo mitgebracht hab, sind Freizeitparks. Mutti hatte mich '67 zur Eröffnung des Phantasialands mitgenommen, seitdem wollt ich jeden Tag in Brühl verbringen. Schon damals war das kein gewöhnlicher Märchenwald. Es gab dort ja auch die Wildwest-Eisenbahn und das Hawaii-Restaurant. Am besten aber gefiel mir, dass man das Phantasialand in eine stillgelegte Braunkohlegrube gebaut hatte. Und weil ich grad erst sechs geworden war, kam es mir vor, als hätte der Bergbau Hänsel und Gretel zu Tage gefördert, als lägen im Boden noch mehr von ihnen verborgen.

Kurz danach öffnete auch bei Bottrop ein Märchenwald, es sollte aber noch zehn Jahre dauern, bis aus den darunterliegenden Schächten nicht

Karbon und Perm, sondern frühere Erdzeitalter aufstiegen: der Traumland-
park, Europas größtes Dinosaurier-Freilichtmuseum. Sechzehnjährig bin
ich da jedes zweite Wochenende hin, die anderen hab ich im Phantasialand
verbracht, in der Westernstadt Silver City, wo mir im Saloon kleine Bitburger
serviert wurden.

Nach Bottrop brauchte ich einen halben Tag mit dem Mofa. Das war
ein zeitfressendes Hobby, vor allem weil ich anfing, mir Saurierparks im
Ausland anzugucken. Teilweise fehlte ich wochenlang in der Schule. Mutti
schrieb mir dann jedes Mal eine Entschuldigung. Ralf hat Halsweh. Ralf hat
Röteln. Ralf hat ein Loch im Kopf, hat Lepra, hat Krebs. So ging das, bis ich
endlich nach London gefahren bin, zu den ältesten Dinosaurier-Attrappen
der Welt, aufgestellt im Jahr 1854 vor dem Crystal Palace. Als ich vor den
beiden Iguanodons geparkt hab, hab ich mich ganz schön erschrocken! Die
sahen nicht aus, wie ich gedacht hatte, dass sie aussehen würden. Die sahen
aus, wie sie hießen, wie zwei große, grüne Leguane.

Da, in diesem Moment, verstand ich etwas, das mich seit Jahren beschäf-
tigte. Auf der Expo, im General-Motors-Pavillon, hatten wir vor einem
Mondmodell gestanden, wo die Berge furchtbar spitz dargestellt waren, wie
Blitzableiter oder Zäune aus Gusseisen. Und dann, doppelt so alt, das geht
ja noch schnell, wenn man jung ist, mit Mutti vorm Fernseher, musste ich
feststellen, dass das nicht stimmte. Dass die Gipfel in Wahrheit ganz rund
sind und drei Milliarden Jahre über sie hinweggefegt.

Ich find, es fühlt sich schön an, wenn ein Irrglaube aus der Welt ver-
schwindet. Deshalb hab ich mich für Paläontologie eingeschrieben, in Köln,
obwohl ich die Stadt nicht mochte. Deshalb hab ich mich auf den Neandertaler spezialisiert. Von meinen Kommilitonen wurde der ja oft als dumm
dargestellt.

Vor allem der Dom hat mich fertiggemacht. Dass er überhaupt noch zu
Ende gebaut wurde, ist komplett Preußens Schuld. Dieser eine Wilhelm
wollte das unbedingt, verbot aber gleichzeitig, dafür Trachyt von seinem
geliebten Drachenfels abzutragen. Egal, Preußens Dom hatte sowieso
nichts mehr mit der Bauruine zu tun. Neogotik heißt ja, dass etwas nur
von außen alt aussieht, im Innern aber von Stahl gestützt wird. Wenn man
so will, hat es den Dom nie gegeben. Gäbe es ihn, wäre der Drachenfels zu
seinen Türmen geworden und kein Ort, wo Deutsche sich und Siegfried er-
fanden.

Nicht, dass man mich falsch versteht. Ich hab nichts gegen Nachbauten
oder die Nachbauten der Nachbauten, im Gegenteil. Big Ben in Mekka, Big
Ben in Dubai, ich find ja gut, dass die Araber den gut finden. Doch was es
nie gegeben hat, kann nicht nachgebaut werden.

Man kann die Wirklichkeit ablehnen, aber abstreiten, dass sie wirklich ist, kann man nicht. Wer das versucht, hängt als nächstes einen Zettel auf, im Museum, und auf dem Zettel steht: Kopie des Schatz des Priamos. Man behauptet, Kopien wären nicht echt, so wie man sagt, das Phantasialand sei Phantasie! Und man verschweigt ein paar Sachen. Etwa, dass Schliemann ihn über die osmanische Grenze geschmuggelt und dem Louvre zum Kauf angeboten hat. Und irgendwann, da ist man schon ganz geisteskrank vom Lügen und vom Auslassen, baut man sich das Stadtschloss wieder auf. Und weil man mit und in dieser Kopie lebt, müssen alle Sachen, die man darin hortet, Originale sein.

Dass ein Archäologe alles für wirklich hält. Dass er Knochen zwar ausgräbt, aber niemals im Neandertal ausstellt, weil eine Kopie der Schädelkalotte genügt, das hab ich in Silver City verstanden, zwischen den Felsen aus Pappmaché. Dort hab ich mir vorgenommen, das fehlende Jochbein zu suchen. Und als es dann brannte, 2001, das Gebirgsmassiv mit den beiden Bob-Bahnen, da wurden wir schon seit einem Jahr angesehen, vom Neandertaler, mein Kollege Jürgen und ich.

2.

Mein Name ist Michail Lomonossow. Ich kam 1711 zur Welt. Nah der Hafenstadt Archangelsk, in Lomonossowo, einem Dorf, das nach mir benannt wurde. Auch Dinge, die es damals gar nicht gab oder die existierten, aber zuerst entdeckt werden mussten, tragen meinen Namen. Eine Brücke. Ein Schiff. Ein Gebirge unter Wasser und eines an Land. Eine Vulkangruppe, irgendwo zwischen Hokkaidō und Kamtschatka. Ein Atlantikstrom. Ein Asteroid. Zwei Krater: einer auf dem Mond und einer weiter hinten, auf dem Mars. Außerdem die Universität von Moskau, deren Gründer ich bin.

Ihren Neubau hab ich nie gemocht. Wenn es nach mir ginge, sähe die ganze Welt aus wie der Mittlere Westen. Schön flach und breit sollte man bauen. Der Mensch findet in der Horizontalen statt. Sein Blick geht geradeaus, ein Fuß vor dem andern. Und was macht die Uni? Dieser Zyklop, der seine sechs Schwestern überragt, von denen er die älteste ist? Der droht ja andauernd mit Gulag oder Verbannung. Und vor ihm: eine mir nachmodellierte Statue. So sehe ich in Wahrheit gar nicht aus! Nur mein Lächeln, das ist schon auch in echt so.

Dass nicht nur die Wolkenkratzer Moskaus Sieben Schwestern heißen, sondern auch die größten Erdölkonzerne – mich hat das immer verwirrt. Dabei hab ich für Öl ein Faible. Ich hab doch rausgefunden, wie es entstand.

Unheimlich ist mir die Uni, seit ich zum ersten Mal über die Brooklyn Bridge spaziert bin. Nach meinem Aufenthalt zur Weltausstellung 1853 hatte ich New York immer gemieden. Das war eine andere Stadt gewesen, ohne hohe Häuser oder Brücken. Den Hudson hatte ich noch mit der Fähre überquert. Ich freute mich also, als vor mir die City Hall auftauchte. Die kannte ich, dort war ich hundertfünfzig Jahre zuvor vom Bürgermeister empfangen worden. Drumherum ein Park, und in diesem Park blieb ich stehen, neigte den Kopf und erschrak. Das Haus, an dem mein Blick Stockwerk für Stockwerk hinaufstieg, war die Universität von Moskau. Als stünde ich auf einem zugefrorenen See und das Eis begänne zu knirschen, trat ich zwei, drei Schritte zurück. Ich schloss die Augen. Alles, was man auf dieser Insel gebaut und wieder abgerissen hatte, befand sich in mir. Meine Lider flatterten. Und da sah das Haus natürlich aus wie das Municipal Building, das es ja auch war. Doch die Verwandtschaft trat sogar noch deutlicher hervor. Schlagartig wurde mir klar, dass Stalin sich am gegnerischen System orientiert hatte.

Eigentlich war seit der ersten Weltausstellung klar, dass wir die Erde verlassen würden. Schon während ich durch den Londoner Hyde Park gehetzt bin, um Queen Victorias Rede nicht zu verpassen, ahnte ich es. Im Crystal Palace brach sich die Sonne. Ein Gewächshaus aller damaligen Ideen. Ein gläserner Tresor. Ein frühes Faxgerät. Vulkanisierter Kautschuk, Telegraf, Teleskop. Als Menschen anfingen, die Welt nachzubauen, bereiteten sie zugleich den Abschied von ihr vor.

Nirgendwo war das offensichtlicher als 1893 in Chicago: Nikola Teslas Wechselstrom, der erste Lunapark und die White City, eine Nachahmung spätrömischer Prachtbauten. An die Stelle der Industrie trat die Finanzwirtschaft, vierhundert Jahre nach der Entdeckung folgte die Erfindung Amerikas. Stahlgerippe machten den Mauerkern überflüssig, was blieb, waren, reichlich verziert, die Fassaden aus Gips und Jute. Marmorimitat. Popcorn-Maschinen. Gondeln fuhren durch einen venezianischen Themenpark.

Alle Häuser waren einmal Neubauten, aber nicht alle Häuser waren neu, als sie gebaut wurden. Und Säulen machen nur Sinn, wenn die Statik sie nicht braucht. Stalin war das egal. Er ließ die Sieben Schwestern errichten. Er verschenkte ihre Neffen an die Bruderstaaten: den Kulturpalast nach Warschau, das Pressehaus nach Bukarest, das Hotel der Freundschaft nach Prag. Sogar in Ostberlin, dort, wo sich früher das Stadtschloss befunden hatte und dann eine Weile nichts, bevor der Republik doch noch ein Palast gebaut wurde und später einer anderen erneut ein Schloss, auch dort sollte ein Turm im Zuckerbäckerstil stehen.

Oft träume ich, Moskau wäre komplett bewaldet. Als läge die Stadt unter Erdmassen begraben, ragen nur die Wolkenkratzer über den Wipfeln hervor.

Im Schlaf stellen sich die Verwandtschaften her. Sehe ich das Apartment-gebäude am Kudrinskaja-Platz, denke ich an den Film *Ghostbusters.* Das Haus am Central Park ist eine superleitfähige Antenne, entworfen fürs An-ziehen und Konzentrieren spiritueller Turbulenzen. Steht man im Moskauer Zoo, gleicht der Flamingoteich dem Großen Reservat. Um mein Englisch zu verbessern, spule ich. Wo es im Original »J. Edgar Hoover« heißt, sagt Bill Murrays Synchronsprecher: »Stalin«. Und dann die Schlussszene, die Blitze. Für Blitze hab ich ein Faible. Ich hab ja selbst an ihrer Ableitung geforscht. Aber diese Geschichte gehört Benjamin Franklin. Ich bin ein Gammateleskop zur Untersuchung hochenergetischer Strahlung. Ich bin ein astronomischer Effekt, der das Vorhandensein einer Atmosphäre auf der Venus beweist.

3.

Mein Bruder Steven Demetre Georgiou wurde als Cat Stevens berühmt. Cat nannte er sich, nachdem eine Freundin gesagt hatte, seine Augen sähen aus wie die einer Katze. Und Steven verlegte Steve ans Ende, weil er glaubte, mit Dads Namen würde das schwierig, so eine Karriere als Popstar.

Es fing damit an, dass wir mit Mum und Dad hinabstiegen von unserer Wohnung im ersten Stock, unter der sich das von ihnen betriebene Moulin Rouge befand, ein Restaurant, über das viel gesprochen wurde im Soho dieser Tage, womit ich sagen will, die Leute sagten: »Lecker«, oder: »Erbsen! Mehr Erbsen!«

Wir stiegen also die Treppen hinab und in Mums Mini hinein, fuhren nach Dover, aßen Käsesandwiches mit essigsauren Zwiebeln und sahen uns die Kreidefelsen an, die auf verwirrende Weise zugleich Abschluss und Anfang des Empire markierten. »Die Küsten eines Königreichs«, sagte Dad. Ich er-innere mich, dass er während der gesamten Überfahrt von solchen Orten sprach, von Australien vor allem. Das eigentliche Ende Englands, sagte Dad, befände sich noch immer inmitten dieser so weit entfernten Wüste. Eng-lands Ende, das ich mir als rotes, pulsierendes Gestein vorstellte.

Den nächsten Tag verbrachten wir auf der Weltausstellung. Obwohl oder gerade weil das Gelände riesig war, kam es mir vor, als wären die Küsten, von denen Dad gesprochen hatte, mit der Expo in Brüssel verwandt. Ich hatte sie mir ja eben erst vorgestellt, diese doppeldeutigen Orte, und jetzt wurden die Räume jedes einzelnen Landes so ineinander gespült, als gäbe es nur den einen, die gesamte Pavillonlandschaft einhegenden Zaun.

Wir fuhren auf einer Rolltreppe das Atomium hinauf. Modellhaft, sagte Dad, jedes Land errichte sich auf der Expo ein Modell, das zeige, wie es sich selbst sehe oder von anderen gesehen werden wolle, das hier, sagte Dad, sei auch nur ein Modell, und zwar die 150-milliardenfache Vergrößerung eines Eisenkristalls. Und während die Röhre fensterlos an mir vorbeizog, schrumpfte die Welt oder das Gelände der Weltausstellung unter uns, und plötzlich war mir, als glitte ich gleichzeitig durch die Atome meines Körpers und die Röhre des Atomiums. Ich griff das aus Gummi gefertigte Geländer. Mein Handballen lud sich, nein, es entlud sich in ihm: Ich spürte den Kautschuk an meinen Fingerspitzen kribbeln. Und dann rannte ich die Rolltreppe runter, rannte so unfassbar schnell – erst als Mum mich in einem Biergarten einholte, fühlte ich, dass meine Muskeln vor Anstrengung krampften.

Sanft schob sie mich Richtung Ausschank und begann von der British Empire Exhibition zu erzählen. 1924 seien all jene Länder nach Wembley eingeladen worden, aus denen das Empire damals bestanden habe. King George V. habe eine Eröffnungsrede gehalten, zum allersten Mal, sagte Mum, habe ein König oder eine Königin im Radio gesprochen. Außerdem gebe es Filmaufnahmen. Der König steige in eine Miniatur-Eisenbahn. Bald sehe man ihn allein und mit angewinkelten Knien durch sein Königreich fahren. Ceylon habe ihm auf der Expo sogar besser gefallen als in der Realität. Für die Dauer seines Aufenthalts sei er dort nämlich von einem Durchfall geplagt worden. Dass nur ein Nachbau der Welt jenen Stress reduziere, den die echte auf einer Reise bewirke, diese Idee sei ihm gekommen, nachdem er sich in Colombo tagelang von Klo zu Klo geschleppt habe. Sie selbst, sagte Mum, habe auf der Empire-Expo wie an jedem anderen Tag Tee aus Ceylon getrunken, nur dass ihn dort Ceylonesen serviert hätten. Als Orte, wo aus Wilden Diener würden, hätten sich Europäer ihre Kolonien seit jeher halluziniert. Wembley sei dann auch kein reiner Menschenzoo mehr gewesen, 1924, da habe man die Leute nicht in Käfigen, sondern als Darsteller ihrer selbst präsentiert. Völkerschauen, ojemine, sagte Mum, sieben Jahre später, sagte sie, sei dieses Prinzip in Paris perfektioniert worden. Ein nahezu originalgetreuer Nachbau Angkor Wats und der kitschig angepinselte Königspalast von Timbuktu hätten ein bis heute wirksames Tandem begründet: Authentizität und Entertainment. Eigens aus Algier eingeschiffte Handwerkerinnen hätten Teppiche nach den Entwürfen Picassos geknüpft. Diese Frauen seien aber nicht bloß als sogenannte *sujets français* vorgeführt worden, sie hätten zugleich selbst etwas vorführen sollen: dass sie, wenn auch entrechtet, in der Zivilisation angekommen seien. Andere Objekte habe man im dafür errichteten Palais de la Porte Dorée ausgestellt, während ihre Urheber oder ehemaligen Besitzerinnen vor dem Palais billig hergestellte Attrappen hätten verkaufen müssen, Ramsch, Souvenirs für den Schlüsselbund. Drinnen habe man das Diebesgut versteckt, draußen sei die Welt Simulation geworden und jede Ausgebeutete Avatar.

Betreten betraten Mum, Dad, Steve und ich dann das sogenannte Village indigène. Da waren: Zäune. Da waren: Frauen, die ihren Kindern die Brust gaben. Da waren: Männer, die so taten, als würden sie Kautschuk ernten. Da waren: Soldaten der Force Publique, die ihre Aufführung überwachten. Da waren: Expo-Besucher, die sie mit belgischen Waffeln zu füttern versuchten. Da waren: Männer, die aufhörten, so zu tun, als würden sie Kautschuk ernten, und Soldaten, die ihnen an Ort und Stelle die Hände abschnitten. Da waren: Mum und Dad, die Steve und mich fortzerrten, die sagten: Gut, okay, dann halt doch nach Deutschland, den Fluss hoch, der der Rhein wäre oder der Kongo.

Mum und Dad zeigten aus dem Fenster, Rolandseck, Erpeler Ley, die nicht enden wollenden Weinhänge. »Erhabener Anblick«, sagte Dad, das habe Herman Melville 1849 während seiner Fahrt nach Koblenz notiert, dabei sei dem Dichter nicht mal klar gewesen, dass das Schiff auch den oberhalb der Klippen gelegenen Ort Rockenfeld passiert habe. Dort läge der Ursprung neuzeitlichen Reichtums oder des Namens, der mit diesem Reichtum verbunden sei.

Sechzehnjährig habe Rockefeller die November- und Dezemberausgabe des *Putnam's Magazine* von 1853 verschlungen, fuhr Dad fort, weil darin *Bartleby der Schreiber* abgedruckt gewesen sei. Damals habe er für fünf Dollar die Woche eine Ausbildung zum Buchhalter absolviert und sein Name also nur für das gestanden, was sein Dad gewesen sei: Bigamist, Quacksalber, Vagabund. Trotz allem oder gerade deswegen habe Bartleby für Rockefeller die eine Seite der amerikanischen Medaille bedeutet, während ihm die andere wie er selbst erschienen sei. Dass Melville den Rhein gesehen habe, bevor der Text entstanden sei, heiße also, dass neben der Südsee auch das Mittelrheintal seine Figuren beseele. Bartleby oder der Eindruck, den Bartleby auf Rockefeller gemacht habe, sei das Letzte, was ihn mit Rockenfeld verbinde. Ich erinnere mich, dass Mum lachte, kurz und brutal, als habe Dad etwas richtig Dummes gesagt.

Wir parkten am Deutschen Eck. Transparent, klebrig und blau hing über uns der Himmel, ein ausgelaufener Eimer Sprite, dahinter das eroberte Weltall. Mum fächerte sich mit einer Landkarte Luft zu. Stolz sah sie aus, stolz und schön. Steve blickte mit weit aufgerissenen Augen zur Denkmalanlage hinauf. Dad holte sein Angelzeug aus dem Kofferraum. Er wolle mal sehen, ob er nicht was aus dem Rhein angeln könne, am liebsten einen Lachs. Und während nacheinander Zander, Barbe, Aal und Barsch anbissen, setzten wir uns an die äußerste Spitze des Deutschen Ecks, wo Mum die Sage vom Lachs der Weisheit erzählte.

Von der Mosel her war ein Mann mit Schirmmütze näher gekommen. Ob das unser Abendbrot sei, fragte er und zeigte auf die im Eimer zappelnden

„Ein Vergnügen und eine Zumutung, eine Inspiration und eine Provokation." *– FAS*

Probeabo Print
3 Hefte für nur 19,80 €
zzgl. Versand: (D) 5,40 €;
(CH) 9,00 CHF; (EU) 7,80 €;
(übriges Ausland) 11,40 €.

Probeabo digital
3 Monate *MERKUR* digital
für nur 9,90 €
Alle Hefte online und als
Download in den Formaten PDF,
ePub, MOBI, inklusive Zugang
zum Digital-Archiv mit allen
Texten seit 1947

Bestellung unter merkur-zeitschrift.de/abo oder mit der portofreien Postkarte.

Der *MERKUR* im Abonnement

oder

Jahresabo Print
12 Ausgaben in der Printversion

Jahresabo Digital
12 Monate Digital-Zugang zu allen Ausgaben (online und in den Formaten ePub, MOBI und PDF) sowie allen *MERKUR*-Texten seit 1947

+ eine exklusive Buchprämie

Anfänge
David Graeber,
David Wengrow

Die Möglichkeit von Glück
Anne Rabe

Traumland
Adam Soboczynski

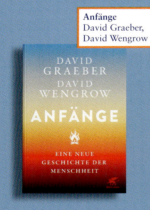
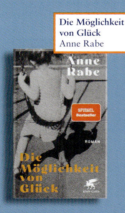

152,00 € / 176,00 CHF
Printabo zzgl. Versandkosten: (D) 21,60 €; (CH) 36,00 CHF; (EU) 31,20 €; (übriges Ausland) 45,60 €.

Nach Ablauf eines Jahres ist das Abonnement monatlich kündbar. Die Rechnungsstellung erfolgt im Voraus für ein Jahr, vorab gezahlte Beträge werden erstattet.

Alle Angaben Privatkundenpreise, Geschäftskunden und Bibliotheken wenden sich bitte an: info@klett-cotta-zeitschriften.de. Alle Preise inklusive MwSt. (Drittländer exklusive MwSt.) Preise freibleibend. Stand 2024.

Unser Vorzugspreis für Studierende, wiss. MitarbeiterInnen und Postdocs bei Nachweis einer Bescheinigung:

Jahresabo Print
96,00 € / 114,00 CHF
zzgl. Versandkosten

Jahresabo Digital
48,00 € / 52,80 CHF

Ich abonniere die Zeitschrift *MERKUR* als

● **Jahresabonnement Print* mit Buchprämie! 12 Ausgaben ab Heft ____**
für 152 € / 176 CHF; Vorzugspreis 96 € / 114 CHF für Studierende;
zzgl. Versand (D) 21,60 €; (CH) 36,00 CHF; (EU) 31,20 €; (übriges Ausland) 45,60 €.

● **+ Digital-Zusatz-Abonnement: Freier Zugang zum Online-Archiv**
für nur 26 € / 36 CHF im Jahr (nur für Privatkunden zum Jahresabo Print).

● **Jahresabonnement Digital* mit Buchprämie! Alle Ausgaben + Online-Archiv**
für 152 € / 176 CHF; Vorzugspreis 48 € / 52,80 CHF für Studierende, ohne Prämie.

● **Probeabonnement Print** 3 Ausgaben ab der**
● **aktuellen Ausgabe** oder ● **nächsten Ausgabe**
für 19,80 € / 21,30 CHF, zzgl. Versand: (D) 5,40 €; (CH) 9,00 CHF; (EU) 7,80 €; (übriges Ausland) 11,40 €.

● **Probeabonnement Digital** 3 Monate *MERKUR* digital**
für 9,90 € / 12 CHF.

● **Als Buchprämie wähle ich (Zusendung nach Zahlungseingang):**
● David Graeber, David Wengrow   ● Anne Rabe   ● Adam Soboczynski

* Nach Ablauf eines Jahres ist das Abonnement monatlich kündbar.
Die Rechnungsstellung erfolgt im Voraus für ein Jahr, vorab gezahlte Beträge werden erstattet.
** Das Probeabo ist Teil des Angebots „3 + 12", das 3 Monate zum Probelesen + 12 Monate Jahresabo umfasst.
Bis zwei Wochen vor Ablauf des dritten Monats können Sie kündigen. Wenn Sie weiterlesen möchten, müssen
Sie nichts weiter tun: Sie erhalten dann den *MERKUR* für weitere 12 Monate zum Jahresabo-Preis.

_____
Datum, Unterschrift

Entdecken Sie den *MERKUR* digital

Im Online-Archiv finden Sie alle Hefte aus über 75 Jahren *MERKUR*, mit Beiträgen von Hannah Arendt, Theodor W. Adorno, Ingeborg Bachmann, Jürgen Habermas, Kathrin Passig, Dirk Baecker, Navid Kermani u.v.m.

Genießen Sie freien Zugang zum gesamten Online-Archiv (über 12000 Texte) mit unseren Digital-Abos. Oder mit dem Digital-Zusatzabo zu Ihrem Print-Abo, für nur 26 € im Jahr.

Download von Einzeltexten 2 €, Einzelhefte 9,99 €.

Blog
merkur-zeitschrift.de/blog

Newsletter
merkur-zeitschrift.de/newsletter

Facebook
facebook.de/zeitschriftmerkur

Mastodon
mastodon.social/
@merkurzeitschrift

24EIN

Entgelt
zahlt
Empfänger

Absender

_____
Vorname, Name

_____
Straße und Hausnummer

_____
PLZ und Ort

_____
Telefon (optional für Rückrufe)

_____
E-Mail

Aboservice
+49 (0) 89 / 85 853 – 868 | klett-cotta@cover-services.de

Deutsche Post
ANTWORT

Leserservice
Verlag Klett-Cotta
Postfach 13 63
82034 Deisenhofen

Fische. Richtig, sagte Dad, er wolle außerdem noch einen Lachs fangen, er habe gehört, Rheinsalm schmecke super, mit Soße spitze. Der Mann griff in seine Jackentasche, Fischereiaufsicht, sagte er, Angelschein, sagte er, davon ab, sagte er, sei der Lachs im Rhein ausgestorben. Das war zu viel für Dad. Er kenne es, das Gesetz vom 19. April 1939, ein Natur- und Tierschutz-Nazi-Gesetz, erlassen einen Tag vor Adolf Hitlers Fünfzigstem. Dad warf die Angel aus, jetzt schrie er: »Wer den Fischfang, in Klammern, Fang von Fischen, Krebsen, Austern und anderen Muscheln, Seemoos sowie von Fröschen – von Fröschen! Wer einen gottverfickten Frosch fangen wolle, müsse einen Fischereischein bei sich führen und ihn auf Verlangen den Fischereibeamten, den Beamten der Polizei, den Fischereiausübungsberechtigten und den Fischereiaufsehern vorzeigen!«

Das Deutsche Eck hatte sich randvoll mit Deutschen gefüllt. Immerhin sei der Lachs ausgestorben, sagte Dad, und packte die Angel wieder ein. Ich fragte: »Wo ist Steve?« Da erst bemerkten sie, dass er weg war. Vorm Denkmal formierten sich Kriegsversehrte. Um zu protestieren, zog die Invalidenprozession zum Bundesamt für Wehrtechnik und Beschaffung, das flussaufwärts abschloss, was am Deutschen Eck begann: Preußens Prachtpromenade.

Ein Jahr vor unserer Reise hatte die Bundesrepublik mit der Firma Hispano-Suiza einen Vertrag über die Lieferung von knapp dreitausend Schützenpanzern HS 30 geschlossen. Obwohl der Bundestag nur ein Holzmodell gesehen und Hispano-Suiza noch nie zuvor einen Panzer gebaut hatte, wurde dafür eine Milliarde Mark bewilligt. Eigentlich produzierten die Schweizer Mofas, Mofas und Maschinenkanonen. Und es war auch nicht so, dass Verteidigungsminister Strauß glaubte, Mofa und Maschinenkanone ergäben einen Panzer, aber sein persönlicher Referent, Werner Repenning, der Bomberpilot gewesen war, vielleicht sogar über London, das stellte ich mir zumindest vor, dass er die Häuserzeile hinterm Moulin Rouge ausgebombt hätte, dieser Repenning also war mit zwei Millionen Mark bestochen worden. Ein erster Prototyp zeigte dann auch ohne Ende Mängel. Sein Rolls-Royce-Motor war für neun Tonnen ausgelegt, obwohl der Panzer fünfzehn wog. Ständig blieb er stehen, oben auf der Koblenzer Schmidtenhöhe, wo sich ein Übungsplatz befand. Außerdem konnte man schlecht ein- und aussteigen.

Gerade als Mum und Dad panisch wurden, kehrte Steve an der Hand eines Teenagers zurück. Er habe von dort oben alles beobachtet, sagte der Junge, und zeigte zum Sockel. Später aßen wir mit ihm Schildkröten- und Schwalbennestersuppe, direkt aus den Konserven. Nachdem Mum erzählt hatte, wir betrieben ein kleines Restaurant in Soho, meinte der Junge, dass sich das derzeit berühmteste deutsche in München befinde, im Hotel Vier

Jahreszeiten. Und weil der nächste Tag Steves Geburtstag war, beschlossen wir, noch am gleichen Abend weiterzufahren.

Wir liefen dann so rum und sahen uns München an, den Englischen Garten, die Isar. Als wir die Theresienwiese erreichten, wollte Steve unbedingt ins Innere der Bavaria. Mir kam das komisch vor, als kehrte er ausgerechnet an seinem Geburtstag in eine Art Uterus zurück. Und während Mum unten wartete und wir in der Bavaria höher und höher stiegen, wurde mir in mir furchtbar eng, schwindelnd stützte ich mich am Geländer ab. Erst dachte ich, es läge an der Wendeltreppe, aber ich stand ja schon im Kopf und sah durch eine Öffnung im Lorbeer bis weit in die Alpen. Und da – ich erbrach mich durch ihre Stirn.

Mir war noch immer etwas flau, als uns der Besitzer des Restaurants, Alfred Walterspiel, begrüßte. »Hallo«, sagte er, dann führte uns ein Kellner zum Tisch. Als sei der Bavaria in den Kopf geschossen worden, sagte Mum. Das Hirn Bayerns, sagte sie, zwei halbverdaute Weißwürste.

Nach der Vorspeise suchte ich die Toiletten. An den Wänden hingen Fotos berühmter Gäste neben Menüs, die Walterspiel für sie gekocht hatte. Vor Kaiserin Soraya blieb ich stehen. Ich las: Donnerstag, 27. Februar 1958. Ich las: Mocca. Geeiste Früchte. Salat spezial. Pommes frites. Rosenkohl. Lammkotelette vom Rost. Ich las: Mulligatawny. Ich las: Geräucherter Rheinsalm. Ich stutzte. Ich las: 27. Februar 1958. Und da wurde mir klar, dass Walterspiel ein Betrüger war. Als ich zum Tisch zurückkehrte, wurde gerade Coq au Vin serviert. Und da traute ich mich nicht zu erzählen, was passiert war.

4.

Ja, es stimmt, ich heiße Wolfgang Gewalt. Vielleicht sind deshalb so viele so wütend geworden, als ich versucht hab, einen Wal zu fangen. Der hatte sich nach Duisburg verirrt, im Mai '66, da war ich dort seit einem Monat Zoodirektor. Freitags haben die Leute wie blöd Fischstäbchen gebraten, aber wenn es darum ging, einen dreißig Zentimeter langen und mit feinstem Ketamin befüllten Betäubungspfeil durch die sich doch bekanntlich alle paar Stunden regenerierende Radiergummihaut eines Belugas zu jagen – ja, da sind sie durchgedreht. Dabei war das eine Zeit, bevor es säugetierfreundliche Fangnetze gab. Vielleicht hat man auch falsche Vorstellungen gehabt, damals lief ja gerade *Flipper* im Fernsehen. So oder so, sie riefen mich den Ahab vom Rhein – und taten es noch, als ich *Delphine, meine Freunde* längst übersetzt hatte.

Das Buch erschien im Herbst '70 und war ursprünglich vom belgischen Unterwasserarchäologen Robert Sténuit verfasst worden. Er hatte es

Dauphin mon cousin genannt, aber ich mochte das Wort Freunde lieber. Robert war Autodidakt, der erste Mensch, der einen ganzen Tag lang unter Wasser blieb, ein Abenteurer, der nach Öl- und Gasvorkommen bohrte und aus versunkenen Schiffen Ming-Vasen barg.

Weil wir uns solcher Expeditionen wegen nie persönlich begegnet sind, stelle ich ihn mir, seit ich *Feuerball* im Kino gesehen hab, wie den jungen Sean Connery vor, sehr gutaussehend, mit Sonnenbrille und Harpune.

Vom Sean Connery bin ich sowieso Fan. Im Affenhaus hab ich sogar mal ein Poster aufgehangen, das, wo er Schwimmflossen trägt. Mein liebster Film mit ihm ist *Meteor*. Als verkannter Wissenschaftler hat er einen Satelliten entwickelt, um die namensgebende Gefahr durch Atomraketen abzuwehren. Doch bevor ihm das gelingt, hageln noch einige Brocken auf New York City nieder. Im Trick explodiert das World Trade Center. Und im nächsten Moment – werden Originalaufnahmen der Sprengung Pruitt-Igoes gezeigt! Inzwischen ist sie ein wenig in Vergessenheit geraten, damals aber sprachen alle von dieser Sozialbausiedlung in St. Louis: broken windows theory, der Tag, an dem die Moderne starb. Ihr Abriss wurde im Dezember '71 beschlossen, drei Monate nachdem die ersten Broker die Twin Towers bezogen hatten. Und beide Male hieß der Architekt Minoru Yamasaki.

Und noch etwas war komisch. Kurz zuvor, im August '71, hatte Richard Nixon das sogenannte Goldfenster geschlossen und den Dollar vorgeblich in die Freiheit entlassen. Doch in Wahrheit gefiel ihm, dass das nun virtuell gewordene Geld in Form von Hedgefonds begann, alle möglichen ökonomischen Alternativen in das eigene System einzuhegen. Hedgefonds sichern ihre Besitzer bekanntlich ab, indem sie immer auch auf das Gegenteil von dem wetten, worauf sie eigentlich wetten. Sie funktionieren in der Annahme, dass das eine so gut wie das andere wär, solange es durch sie und mit ihnen eintritt.

Gehege haben mich immer interessiert. Immergrüne Hecken, Wasserbecken. Als kleiner Junge, '33 in Berlin, als mich alle nur Wölfi riefen, Wölfi Gewalt, hockte ich vor meinen Guppys, sah ihnen mit meinen fünf Jahre alten Augen dabei zu, wie sie von links nach rechts schwammen, von oben nach unten, wie sie an die Scheiben des Aquariums titschten, als wären sie ein besonders schöner Bildschirmschoner. Windows XP erschien im Oktober 2001. Bis zu meinem Tod sechs Jahre später hab ich es benutzt. Jede Software ist ein Gehege. Minesweeper, Solitär. Vorinstallierte Wetterphänomene. Windows XP, Oktober 2001. Ein Jahr zuvor steht Bill Gates vor Gericht, doch Microsoft wird nicht zerschlagen. Ein Jahr zuvor führe ich meinen Enkel über die Expo.

Es ist ein heißer Tag im Juli, Hochsommer. Wir tragen Mützen mit Propellern dran. Wir trinken Caipirinhas mit Cachaça drin. Die Barfrau ist eine Brasilianerin aus Herrenhausen. Mein Enkel legt sich in eine Wand aus runden, beweglichen Nägeln. Da ist jetzt ein Abdruck. Ich spreche mit der Frau über das Sea Life in Hannover-Herrenhausen. Das ist Sambamusik. Das ist der Saft einer Limette. Ich trage eine Propellermütze. Mein Enkel steckt im eigenen Umriss fest. Die Frau sagt: »Free Willy.« Ich sage: »San Diego.« Ich sage: »Dorthin werde ich sie 2004 gebracht haben, Ferdinand und Yogi, den Weißwal und die Jacobita-Delfinin.« Ich sage: »Ich weiß nicht, warum mir das ausgerechnet jetzt einfällt.« Ich sage: »Ja doch, es stimmt, ich heiße Wolfgang Gewalt.«

5.

Ich bin Bruno, Bruno Schmitz. Touristen aus aller Welt kennen meine Monumente. Ansonsten kennt man mich heute eher nicht mehr. Meine Person ist in Vergessenheit geraten wie andere in Gefangenschaft. Früher ging ich beim Kaiser ein und aus. Er mochte meinen Bart, ich mochte seinen. Für die Expo 1904 hab ich sogar mal das Charlottenburger Schloss nachgebaut. Wie in Berlin lag es direkt an einem Fluss, nur dass dieser Fluss nicht die Spree, sondern der Mississippi war. Auch wenn meins insgesamt kleiner war als das Original, erinnere ich mich gern an die Zeit in St. Louis.

Dort hab ich zum ersten Mal Dr Pepper und Peanut Butter probiert. Dort hab ich das Gerippe eines Pottwals gesehen und gleich mehrmals ein Reenactment der Burenkriege. Einmal, das muss bei der vierten oder fünften Show gewesen sein, denn ich kannte ihren Ablauf bereits auswendig, saß ein Amerikaner neben mir, der heftig mit den Buren mitfieberte. Einerseits, weil er nicht verstand, dass eh die Briten gewannen, soweit war das alles ja historisch korrekt, andererseits, weil sein Uronkel bei der Boston Tea Party mitgemacht hatte.

Am besten aber gefiel mir der Apache Geronimo. Eigentlich hieß Geronimo Gokhlayeh, weil er als Kind so oft gegähnt hatte. Davon war in St. Louis nichts mehr zu sehen, dort präsentierte man ihn als The Human Tiger. Verkleidet wie der Medizinmann, der Geronimo vor seiner Taufe gewesen war, bot er selbstgebastelte Pfeifen an. Man konnte sich auch mit ihm fotografieren lassen oder für 25 Cent sein Tipi besichtigen.

So was kannte ich natürlich schon von der Gewerbeausstellung 1896 im Treptower Park. Wer die Köpenicker Landstraße überquerte, kam nach Kairo. Man hatte die Stadt mitsamt Cheops-Pyramide nachgebaut, eingezäunt und ein paar Hundert Ägypter darin ausgesetzt. Die Raumwirkung war beachtlich, und es gab auch echte Mumien – insgesamt aber fand ich Klein-Kairo entsetzlich provinziell! Mich hat das ziemlich gewurmt. Ich hatte für Treptow ja alle wichtigen Pavillons entworfen. Dort, wo heute der riesige Rotarmist ein Hakenkreuz zertritt, stand zum Beispiel mein Wasserturm. Und dahinter, am Ufer des Karpfenteichs, begann die Kolonialausstellung. Der Teich wirkte sofort sehr tropisch, als wäre er tatsächlich Teil Neuguineas, das damals Kaiser-Wilhelm-Land hieß. Dann Togo, Kamerun, Deutsch-Ostafrika. Anders als in St. Louis gab es bei uns keine Berühmtheiten. Geronimo war ja eine lebende Legende! Jedes Kind kannte Anekdoten, darüber, wie Trapper seine Eltern erschlagen hatten oder das mexikanische Militär in der Wüste von Sonora seine Frau. Umso schöner war es, dass Geronimo noch zu Gott gefunden hatte.

Vieles kam mir also ungewöhnlich vor, im Sommer 1904, da hatte Lothar von Trotha doch gerade erst begonnen, die Herero in einer Wüste Südwests verdursten zu lassen.

Auch was Denkmäler angeht, waren wir blutige Anfänger. Der Sockel, auf dem ein Pferd stand, auf dem Kaiser Wilhelm saß und einen Engel umarmte, und dann eine Weile nichts als ein Fahnenmast, und auf dem nun wieder ein Pferd steht, auf dem der Kaiser sitzt und einen Engel umarmt, dieser Sockel in Koblenz erinnert nicht ohne Grund an den der Freiheitsstatue. Schon 1887, bei meiner ersten Einfahrt in den Hafen von New York, hatte ich mir vorgenommen, ihn irgendwann nachzubauen. Ich bin ein Architekt des Eklektizismus. Für mich gehört das ja dazu: abzugucken.

Damals war ich neunundzwanzig Jahre alt. Dank eines Diplomatenpasses durfte ich ohne Wartezeit durch Ellis Island spazieren und gleich zur nächsten Insel übersetzen. So schnell es nur ging, reiste ich weiter nach Indianapolis, wo mein erstes Denkmal errichtet wurde, das Soldiers' and Sailors' Monument. Eine prägende Zeit, schließlich brachten mir die Bauarbeiter genug Englisch bei, dass ich siebzehn Jahre später in St. Louis eine alles verändernde Erkenntnis haben sollte.

Am Mississippi liegend las ich H. G. Wells' *The War of the Worlds*: »No one would have believed in the last years of the nineteenth century that this world was being watched keenly and closely by intelligences greater than man's and yet as mortal as his own.« Und während ich jedes Wort laut aussprach und hinter mir das Schloss mit Asbest verkleidet wurde, verstand ich, dass alle kommende Architektur anziehend für außerirdisches Leben sein müsste. Ich stellte mir liebe Marsianer vor. Und meine zukünftigen Entwürfe. Schemenhaft erkannte ich sie im Dunst des Mississippi. Kuppeln öffneten sich zu Blüten, Säulen ragten als Staubfäden hervor. Stempelgleiches Gestein. Nicht Preußen – Aliens würden meine Bauten befruchten.

Als ich nach Berlin zurückkam, da – es war so, meine Frau Lucia und ich, wir wurden ja bereits zwei Jahre zuvor geschieden, weil – wegen Otto! Meinem besten Freund. Geheimrat Otto Hammann. Der meinte, Lucia und ich, wir sollten mal eine Beziehungspause – weil er, weil sie ihn –

Vor meiner Abreise hatte ich jedenfalls Detektive engagiert, die eigentlich gar keine Detektive waren, sondern eine Haushälterin und ein talentfreier Bildhauer. Die haben sich dann in die Wohnung unter Lucias geschlichen. Von unten haben sie Otto zugeschaut, durch ein Loch im Parkett. Eigenhändig hab ich das da hineingesägt, weil ich – ich wusste mir doch nicht anders zu helfen!

Die Haushälterin erzählte mir Folgendes: »Um dreiviertel zehn kamen Hammann und Frau Schmitz, die sich bis dahin im Esszimmer aufgehalten hatten, in den Salon. Es fiel uns sofort Hammanns größere Zärtlichkeit auf. Sie setzten sich beide, indem er sie auf den Schoß nahm, zuerst auf einen Stuhl direkt über unseren Kopf. Nach ganz kurzer Zeit begaben sich beide auf die vier bis fünf Schritte davon entfernt stehende Chaiselongue, woselbst sie viertel nach zehn einen regelrechten Geschlechtsakt vollführten.«

Im Oktober 1903 musste Otto aussagen. Amtsgericht Mitte. Da bin ich dann hin und hab ihn unter Eid sagen hören, er hätte bei Lucia gar kein immissio penis gemacht. Nachher schrie Otto: »Sie wollen den Kampf, Sie sollen ihn haben!« Er siezte mich jetzt. Ich musste aber erstmal nach Amerika. Die Überfahrt tat mir gut, ich beruhigte mich etwas, und als ich mir den Petersdom als handelsüblichen Butt-Plug vorstellte, glaubte ich wirklich, alles werde sich wenden.

Doch statt fremdes Leben aus dem Weltall zu locken, sammelte ich Material, von dem ich annahm, es könnte Otto ruinieren. 1908 veröffentlichte ich den *Fall Hammann*. Kurz darauf wurde die Broschüre verboten. Trotzdem musste Otto erneut vor Gericht erscheinen, einen Monat, bevor Geronimo starb. Dessen Pfeife war dann auch das Letzte, was mir blieb, als mein Widersacher freigesprochen wurde und ich dazu verurteilt, die Prozesskosten zu tragen. Einige Male hab ich noch versucht, meine am Mississippi gefassten Pläne zu verwirklichen, doch die Zeichnungen landeten in irgendwelchen Schubladen irgendwelcher Ämter. Ich bin nur froh, dass der Axel Schultes es weiter versucht hat. Dass in sein Kanzleramt so gut die Ufos passen.

Eva Horn
Die Aisthesis der Luft

Klima als Medium verstehen

An einem kühlen, strahlenden Tag im März 2017 besuchte ich das MoMa PS1, einen Ausstellungsraum für zeitgenössische Kunst am Rand von Queens, New York. Der Frühling hatte noch nicht angefangen, die Bäume waren kahl, aber der Himmel war, wie so oft in New York, knallblau, eisig und wolkenlos. Untergebracht im roten Ziegelbau einer früheren Primarschule, ist das PS1 heute ein teuer renovierter Altbau, die düstere Schulatmosphäre ist in Hipness verwandelt. In den ehemaligen Klassenzimmern sind nun Kunstwerke untergebracht. Gedankenverloren öffne ich eine der altmodischen Türen im obersten Stock und trete in einen kleinen, überraschend kalten und sehr hellen Raum. Offenbar ist hier die Heizung ausgefallen. Der Raum ist leer, aber an den vier Wänden sind Bänke installiert. Dann sehe ich es: Das Werk hängt an der Decke. Eine leuchtende Deckeninstallation, die scharfes, klares Tageslicht verbreitet. Die frische Kühle des Raums und das leuchtende Deckenbild sind angenehm ruhig. Ich setze mich und ruhe mich aus, starre auf die Bänke mir gegenüber, und warte darauf, dass mir zu kalt wird. Plötzlich bewegt sich etwas in der Installation an der Decke. Ein Vogel fliegt durch das Bild. Jetzt kapiere ich es: Ich sehe direkt in den Himmel.

Alles ändert sich: Der Raum ist nicht ungeheizt, sondern gar kein Raum. Ich bin nicht mehr *im* Gebäude, sondern unter freiem Himmel. Das Licht ist nicht Teil einer raffinierten Installation, sondern der harte Sonnenschein des New Yorker Vorfrühlings. Ich sehe Vögel und Flugzeuge, keinen Dunst, keine Wolke. Ich spüre, was ich sonst nie spüre: *die Luft selbst*. Ich sehe das klare Blau der Atmosphäre, bemerke die jahreszeitliche Kälte und beginne zu frieren. Die Luft riecht. Es ist Stadtluft, ein leichter Meeresdunst, etwas Benzin, zarte Noten von Frittierfett, verbranntem Plastik und Asphalt. Ich höre das Rauschen des Stadtlärms, den Verkehr, Stimmen, irgendwo tönt Rap. Nach einiger Zeit kommen andere Leute dazu. Erst starren sie mich verwundert an, dann dämmert es auch ihnen. Wir sitzen uns gegenüber, schauen uns an und lachen. Manche machen Selfies. Man kommt schnell ins Gespräch hier. Eine Gemeinschaft entsteht, die eine Atmosphäre miteinander teilt: das Kalte, Klare der Witterung, den Witz des Überraschungseffekts, das Heitere der Versenkung in einen Gegenstand, den wir betrachten, als wäre es das erste Mal. Eine Gemeinschaft der Staunenden und Luftgucke-rinnen.

James Turrells Installation *Meeting* (1986) ist eine der ersten in seiner Serie *Skyspaces*: Räume mit einer Öffnung zum Himmel, die das Licht, die Luft, das Wetter als Kunst sicht- und spürbar machen. Turrells Trick ist so einfach wie genial: ein Raum, der den Himmel einrahmt wie ein Kunstwerk. Einander gegenübersitzende Schauende, die auf das hingewiesen werden, was ihnen allen gemeinsam ist, der Himmel über ihren Köpfen, die Luft, in der sie leben. Wer trifft hier wen in dieser Versammlung? Treffen Menschen auf andere Menschen, um gemeinsam wahrzunehmen, was der stumme Hintergrund ihrer Existenz ist: die Atmosphäre der Erde? Oder ist es eine Begegnung von Mensch und Luft, eines Lebewesens mit dem Medium des Lebens? Was genau *zeigt* das Werk eigentlich? Luft? Klima? Den Himmel? *Die* Atmosphäre oder *eine* Atmosphäre? Wetter? Es zeigt vor allem, dass wir diese Begriffe, die doch so Unterschiedliches zu bezeichnen scheinen, in der Sache und in unserer Wahrnehmung kaum voneinander trennen können.

Was ist Klima? Wir sprechen zwar ständig davon, meinen allerdings fast immer Klimawandel als politisches Problem. Wir sprechen über Luft, aber entweder im Kontext von Luftverschmutzung – oder wenn wir uns auf etwas beziehen, das keine Präsenz für uns hat: Jemand ist »Luft für uns«, etwas »hat sich in Luft aufgelöst«, ist »aus der Luft gegriffen« oder nichts als »heiße Luft«. Luft ist ein Synonym für Substanzlosigkeit, für eine Leere zwischen den Dingen, eine Metapher für Absenz. Kaum besser geht es dem Wetter: Einst verdammt als Thema inhaltsfreier Konversation, kommt man heute sofort vom Wetter auf die globale Erwärmung, untypische Jahreszeiten oder inadäquate Garderobe: »Es gibt kein schlechtes Wetter, nur falsche Kleidung.«

Aber über Klima *als solches* zu sprechen ist schwierig. Wann immer ich in den letzten Jahren von meinem Buch über Klima erzählte, missverstand es mein Gegenüber zuerst als Buch über den Klimawandel. In gewisser Weise reduzieren wir Klima heute auf Klimawandel, politische Debatten oder ein Kürzel für eine düstere Zukunft.[1] »Klima« als Begriff ist vor allem Bestandteil umkämpfter Schlagworte wie »Klimaschutz«, »Klimakollaps« oder »Klimakleber« und bringt so immer schon eine politische Positionierung mit sich. Auf der anderen Seite, vermeintlich jenseits aller Politik, sind Klima, Luft und die Atmosphäre Gegenstände hochspezialisierter Wissenschaften, von der Meteorologie über die Ozeanografie, Geologie, Geografie bis zur Atmosphärenphysik und -chemie oder auch der Lungenmedizin, wenn es

---

1   Mike Hulme, *Reducing the Future to Climate: A Story of Climate Determinism and Reductionism*. In: *Osiris*, Nr. 26/1, 2011.

um Luftverschmutzung geht. Mit menschlicher Erfahrung aber, mit Gerüchen, sozialen Beziehungen, kulturellen Gepflogenheiten, Gefühlen, Körpern, Alltagspraktiken, Kleidung oder Architektur hat dieser Begriff von Klima fast nichts zu tun. Klima ist etwas Abstraktes, das uns eher durch Grafiken zugänglich wird als durch einen kühlen, strahlenden Märztag. Wenn überhaupt, empfinden wir Klima vor allem dann, wenn wir in fremde Lüfte geraten.

Warum das so ist, zeigt sich schon in der aktuellen naturwissenschaftlichen Definition von Klima nach der Weltorganisation für Meteorologie (WMO): »Klima im engeren Sinne wird definiert als ›durchschnittliches Wetter‹, oder – strenger genommen – als die statistische Beschreibung der Mittelwerte und Variationen von relevanten Größen über einen Zeitraum, der von Monaten bis Tausenden und Millionen von Jahren reichen kann. Der klassische Betrachtungszeitraum ist dreißig Jahre, wie die WMO festgelegt hat. Die relevanten Größen sind zumeist Variablen wie Lufttemperatur, Niederschläge und Wind. In einem weiter gefassten Sinn ist Klima der Zustand und die statistische Beschreibung des Klimasystems.«[2]

Diese Definition ist so kompliziert wie kontraintuitiv. Wir nehmen Witterungen ja nicht als Durchschnitte wahr, sondern als akute Kältewellen, Unwetter, erschlagende Hitze oder auch wochenlang gedrückte Stimmung unterm Winterhimmel – also als Ereignisse oder Zustände. Durchschnitte bilden höchstens den lokalen und jahreszeitlichen Horizont für das erwartbare Wetter. Diese ohnehin schon recht abstrakte Idee vom erwartbaren Wetter wird hier aber noch um eine Perspektive in Zeiträumen jenseits jeder menschlichen Erfahrung erweitert. Eine Generation ist nur ihr kleinstes Zeitmaß. Die Klimata ferner Erdzeitalter sind uns kaum vorstellbar – und damit auch ziemlich egal.

Während wir Klima lebensweltlich mit Erfahrungen und Erwartungen an einem gegebenen Ort verbinden, geht es in der Definition der WMO um ein *globales* System – und zwar eines, das noch aus weit mehr als durchschnittlichem Wetter besteht: aus der hochkomplexen Interaktion von Atmosphäre, Meeren, Eis, Festland und Biosphäre. Klima ist ein Zustand des Erdsystems, beobachtbar in langen, Menschenzeit weit übersteigenden Zeiträumen und aus einer den gesamten Planeten umfassenden, also »ortlosen« Perspektive. Es kann gemessen, berechnet, modelliert und simuliert werden – aber nicht mit menschlichen Sinnen wahrgenommen. Auf dem aktuellen

---

2   Glossar des *IPCC Reports, Managing the Risks of Extreme Events and Disasters to Advance Climate Change Adaptation.* Cambridge University Press 2012 (archive.ipcc. ch/pdf/special-reports/srex/SREX-Annex_Glossary.pdf) – Übersetzungen durch die Autorin.

wissenschaftlichen Stand der Dinge ist Natur kaum sinnlich erfahrbar, auch wenn wir noch immer durch Landschaften laufen, übers Wetter schimpfen, Tieren begegnen oder krank werden. Erfahren können wir Witterungen, aber weder das globale Klima noch den Klimawandel; erleben können wir die Begegnung mit bestimmten Spezies, aber weder ihre ökologische Funktion noch ihr allmähliches Verschwinden; spürbar ist der Ausbruch einer Krankheit, nicht aber die winzigen Erreger, die ihn verursachen.

Dieser Blick, der von Sinneserfahrungen absieht, richtet sich auch auf die Luft. Sie wird heute als Gasgemisch gefasst, das aus 78,8 Prozent Stickstoff, 20,95 Prozent Sauerstoff, 0,93 Prozent Argon besteht, aus Spurengasen wie unter anderem Neon (18,18 ppm), Helium (5,42 ppm), Methan (1,85 ppm), Krypton (1,14 ppm), mit steigenden Anteilen von Treibhausgasen wie Kohlendioxid (derzeit 420 ppm), Methan (1900 ppb), Stickoxid (335 ppb) und, je nach Witterung, wechselnden Anteilen von Ozon und Wasserdampf. Unter bestimmten Umständen kann die Luft auch andere Stoffe in sich aufnehmen, wie Rauch, Ruß, Staub, Mikroplastik, Pollen, Riechstoffe, Aerosole (schwebende Tröpfchen oder Partikel, die zum Beispiel Viren und Bakterien enthalten können). Das Interesse für die Qualität der Luft beschränkt sich gemeinhin auf die Frage, wie gesundheitsschädlich diese sind und wie sie vermieden werden können. Jenseits ihrer chemischen Zusammensetzung gilt uns Luft vornehmlich als Inbegriff dessen, was *nicht* sicht-, hör-, riech- oder spürbar ist. Das macht sie einerseits ein wenig mysteriös, andererseits vor allem zu etwas, das zugleich materiell und immateriell ist: »Die Luft«, so Steven Connor, »ist ein ganz besonderes Element, [...] sie bedeutet das Sein des Nicht-Seienden, die Materie des Immateriellen«.[3]

Keine Frage: Unser heutiges Wissen über die tiefgreifenden Veränderungen der Erde hängt fundamental von solchen Definitionen ab. Denn um die planetarischen Veränderungen des Anthropozän zu ermessen, ist ein »makroskopischer« Blick nötig.[4] Aber gerade dadurch ist die Erfahrbarkeit von Klima, Luft, Atmosphäre nicht nur vernachlässigt, sondern geradezu für irrelevant erklärt worden. Die albernen Diskussionen mit Leuten, die den Klimawandel leugnen und für die jede Kältewelle die globale Erwärmung widerlegt, sind dafür ebenso ein Symptom wie eine politische Logik, die den Schutz des Klimas zum Gegensatz »greifbarerer« Ziele wie Arbeitsplatzsicherung, Wirtschaftswachstum und Wohlstand gemacht hat. Unspürbar,

3 Steven Connor, *The Matter of Air. Science and Art of the Ethereal*. London: Reaktion Books 2010.
4 Hans Joachim Schellnhuber, *»Earth System« Analysis and the Second Copernican Revolution*. In: *Nature*, Nr. 402 (Supplement, C19-C23) vom 2. Dezember 1999.

ein Ding aus den Großrechnern der Klimawissenschaft, ist die globale Erwärmung lange ein Nischenthema gewesen, eifrig bestritten von pseudowissenschaftlichen Lobbygruppen. Immerhin das hat sich in den letzten Jahren geändert, seit sich die Symptome des Klimawandels immer deutlicher bemerkbar machen und sich eine neue Gruppe des Problems angenommen hat: die Kinder und Jugendlichen, die in der Welt werden leben müssen, die die Wissenschaft seit dreißig Jahren prognostiziert. Eine sinnliche Wahrnehmung des Klimas aber ist auch damit nicht verbunden.

Das war nicht immer so. Zweitausend Jahre lang wurden Kulturen, Lebensgewohnheiten, Körper und Gesellschaften engstens mit dem Klima in Verbindung gebracht. Es war ein Begriff dafür, wie eine Kultur sich auf ihren Ort und ihre Umgebung einlässt, wie dieser Ort sie formt und warum sie sich von anderen Kulturen unterscheidet. Klima wurde mit körperlicher Konstitution, Mentalität, gesellschaftlichen Institutionen und den Rhythmen des Lebens verbunden. Es war etwas, dem eine gemeinsame Sorge galt, weil alle, die an einem Ort leben, ihm gleichermaßen ausgesetzt sind, aber auch weil es, so glaubte man, die Identität einer Kultur im Gegensatz zu anderen ausmachte: anderes Klima, andere Leute. Desgleichen die Luft: Sie war Trägerin von Krankheit und Gesundheit, von Klang, Sprache, Stimmungen und Affekten, aber auch von so notwendigen Dingen wie Regen, Liebesgrüßen und Handelswaren, die von den Wolken oder den Passatwinden transportiert werden. All dies setzt nicht nur eine intensive Aufmerksamkeit für die atmosphärische Umgebung voraus, sondern auch symbolische Formen, die ihr eine kulturelle Bedeutung geben.

Diese Tradition zu verfolgen, eröffnet eine völlig andere und sinnlichere Vorstellung vom Klima.[5] Nötig ist dazu aber zuerst einmal eine begriffsgeschichtliche Lockerung. Was wir heute umstandslos mit dem Wort »Klima« bezeichnen, wurde einst mit einer Fülle von Begriffen gefasst: Luft und Lüfte, Ort, Umwelt, Region, Breitengrad, Zone, Milieu, Witterung, Mischung der Jahreszeiten oder auch Miasmen. Die Atmosphäre wurde »Dampfkugel« oder »Luftozean« genannt, ein Ozean, an dessen Boden alle Landwesen leben wie die Fische im Wasser. Mit Wetter dagegen hatte »Klima« im alten Sinn nur am Rande zu tun, eher mit Geografie, Medizin oder Anthropologie. Es war ein umfassender Begriff für die geografische Umwelt einer bestimmten Kultur, den Hippokrates auf die schöne Formel »Lüfte, Wasser und

---

5 Dies unternimmt mein Buch *Klima. Eine Wahrnehmungsgeschichte* (Frankfurt: Fischer 2024), dem auch die hier vorgestellten Überlegungen entstammen.

Orte« brachte.⁶ »Luft«, »Klima« gab es nicht im Singular, sondern nur als »Lüfte« und »Klimata«: ein Begriff für die Singularität der Umwelt an unterschiedlichen Orten. Nationale Mentalitäten, Epidemien und individuelle Wetterfühligkeit, Gesetze und soziale Institutionen, künstlerische und wissenschaftliche Produktivität, lokale Bräuche, aber auch Alkoholismus, Selbstmord und sexuelle Aktivität wurden klimatischen Einflüssen zugeschrieben.

Einerseits bot Klima so eine Erklärung dafür, warum die eigene Kultur war, wie sie war, und andere Kulturen anders: andere Lüfte, andere Sitten. Das gemeinsame Klima, in dem sich eine Gesellschaft ansiedelte, war der kleinste gemeinsame Nenner dessen, was alle miteinander teilen: die geografische Lage, die Luft, die man atmet. Andererseits wurde Witterungen, Winden oder aus dem Boden aufsteigenden »Miasmen« eine extreme Wirkung auf die körperliche Verfassung und Gesundheit der Bevölkerung zugeschrieben. Winde konnten krank machen, Temperaturen konnten den Charakter verändern, üble Gerüche sogar töten.

Was darin zum Ausdruck kommt, ist ein intensives Sensorium für die atmosphärische Umwelt und die Vorstellung von einem Körper, der für diese Umwelt gänzlich offen ist. Der Mensch stand mit allem, was ihn umgab, in engstem Austausch. Wind und Wetter waren nicht »da draußen«, sondern wirkten unmittelbar auf Leib und Seele ein. Das zeigt sich noch in Alexander von Humboldts Definition von Klima: »Der Ausdruck Klima bezeichnet in seinem allgemeinsten Sinne alle Veränderungen in der Atmosphäre, die unsere Organe merklich affizieren: die Temperatur, die Feuchtigkeit, die Veränderungen des barometrischen Druckes, den ruhigen Luftzustand oder die Wirkungen ungleichnamiger Winde, die Größe der electrischen Spannung, die Reinheit der Atmosphäre oder die Vermengung mit mehr oder minder schädlichen gasförmigen Exhalationen, endlich den Grad habitueller Durchsichtigkeit und Heiterkeit des Himmels; welcher nicht bloß wichtig ist für die vermehrte Wärmestrahlung des Bodens, die organische Entwicklung der Gewächse und die Reifung der Früchte, sondern auch für die Gefühle und ganze Seelenstimmung des Menschen.«⁷

Es sind die Organe, die das Klima spüren, seine Wirkungen auf Gefühle und Stimmungen stehen im Zentrum. Für Humboldt ist Klima immer noch intensiv wahrnehmbar: optisch, organisch, haptisch und sogar psychisch.

6 Hippokrates, *Über die Umwelt* [De aere aquis locis]. Hrsg. u. übersetzt von Hans Diller. Berlin: Akademie 1999.

7 Alexander von Humboldt, *Kosmos. Entwurf einer physischen Weltbeschreibung* [1845]. Hrsg. v. Ottmar Ette u. Oliver Lubrich. Frankfurt: Eichborn 2004.

Aber der Verweis auf messbare Größen wie Temperatur, Elektrizität, Luftdruck, Himmelsfarbe und Transparenz der Luft verweist schon auf das, was Klima im weiteren Verlauf des 19. Jahrhunderts dann werden wird: eine Statistik von Messdaten. Als Erfinder der Isothermenkarte, einer Abbildung von Durchschnittstemperaturen auf dem gesamten Globus, wird Humboldt auch zu einem der Väter der beginnenden datengestützten Meteorologie, die Klima dann zum ersten Mal als »durchschnittliches Wetter« fasst.[8]

Einmal als mess- und berechenbar verstanden, werden Witterungen und Klima zum schlechthin »banalen« Gesprächsthema. »Nichts ist bezeichnender«, schreibt Benjamin im *Passagen-Werk*, »als daß gerade diese innigste und geheimnisvollste Wirkung, die auf die Menschen vom Wetter ausgeht, der Kanevas ihres leersten Geschwätzes hat werden müssen. Nichts langweilt den gewöhnlichen Menschen mehr als der Kosmos. Daher für ihn die innigste Verbindung von Wetter und Langeweile.« In dem Moment, wo die Zustände der Atmosphäre immer genauer erforscht, vermessen und modelliert werden konnten, schwindet eine Tradition, die menschliche Lebensformen eng mit ihren natürlichen Umgebungen und die Luft innig mit dem Körper und den Sinnen verbunden hatte. Gesellschaft und die Phänomene der Natur treten auseinander, die Natur wird der ruhige, stumme Hintergrund des Sozialen.

Man kann die Austreibung des Atmosphärischen aus dem Bereich der Kultur und Gesellschaft als Wissens- und Diskursgeschichte erzählen. Aber es ist nicht nur eine Geschichte der säuberlichen Trennung von Gesellschaft und einer zunehmend auf Daten reduzierten Natur. Es ist auch eine Geschichte von der Entmächtigung der Wahrnehmung, die sich nicht nur einem Wandel der Wissensformen verdankt, sondern auch der Veränderung kultureller Bedeutungen und kollektiver Empfindlichkeiten. Das Erleben von Witterung, die Vorstellung von dem Ort, an dem man lebt, und das Verhältnis einer Gesellschaft zu ihrer Umgebung hängen zusammen.

Darum braucht es nicht nur Kulturgeschichten des Klimas, die erklären, wie das durchschnittliche Wetter einer Epoche die Lebensweise, die sozialen Probleme und das Denken der Zeitgenossen beeinflusst haben.[9] Sie wenden einen modernen Klimabegriff an, der zwar eine gute empirische Datenbasis über Witterungen, Ernten, Wasserverfügbarkeit und die Ressourcenbasis

---

8 Julius von Hann, *Handbuch der Klimatologie*. Stuttgart: J. Engelhorn 1883.

9 So etwa Wolfgang Behringer, *Kulturgeschichte des Klimas. Von der Eiszeit bis zur globalen Erwärmung*. München: dtv 2011; Peter Frankopan, *Zwischen Erde und Himmel. Klima – eine Menschheitsgeschichte*. Aus dem Englischen von Henning Thies u. Jürgen Neubauer. Berlin: Rowohlt 2023.

einer historischen Situation ermöglicht, aber nicht erklärt, was Klima für die Zeitgenossen war, *wie* und *als was* die Lüfte verstanden wurden. Klima bleibt darin eine Externalität, eine Gegebenheit, eine natürliche Grundlage oder Ressource, auf die Gesellschaften zugreifen können, aber nichts, was sie maßgeblich beeinflusst oder formt.

Nötig für so ein solches Verständnis ist eine *Aisthesis* des Klimas, und zwar in Bezug auf die Vergangenheit ebenso wie auf die Gegenwart. Aber die Geschichte ist hier instruktiver als die Gegenwart. Was waren die sinnlichen Empfänglich- und Empfindlichkeiten für die Zustände der Atmosphäre? Welche Sprachen hatten frühere Epochen dafür, welches Sensorium, welche Darstellungsformen? Wie wurden Gerüche empfunden? Wie die Einwirkung der Winde? Welche kulturellen Bedeutungen waren damit verbunden? Es wird nicht überraschen, dass man dafür auf ästhetische Darstellungen angewiesen ist, auf Erzählungen, Imaginationen, Metaphern, Gedichte und Bilder, die vermitteln, was es heißt, *in* der Luft, *im* Klima zu sein und diese mit allen Sinnen wahrzunehmen.

William Turner – einer der größten Wetter-Maler des 19. Jahrhunderts – hat diesen Anspruch präzise auf den Punkt gebracht, als er über eines seiner Bilder, einen Schneesturm auf hoher See, sagte: »Ich habe es nicht gemalt, damit man es versteht, sondern um zu zeigen, wie sich solch eine Szene anfühlt.«[10] Statt Luft, Klima, Atmosphäre als etwas zu betrachten, das – wie das durchschnittliche Wetter – der Erfahrung und dem Leben äußerlich ist, geht es hier gerade darum, die Wetter-Welt von *innen* zu betrachten. Die Wahrnehmungen, Wissensformen und Imaginationen, die sich an diesen flüchtigen Gegenstand knüpfen, werden erst greifbar, wenn sie durch Sprache oder Bilder aus der Latenz des bloß wortlos Gespürten geholt und explizit gemacht werden.

Dabei sind Lüfte und Atmosphären ein schwieriger Gegenstand – der Wahrnehmung wie der Darstellung. Der Philosoph Hermann Schmitz bezeichnet Atmosphären als »Halbdinge«, die leiblich spür- aber nicht greifbar sind, wie etwa der Atem. Insbesondere die Phänomenologie hat sich mit diesem flüchtigen Gegenstand befasst – und der Frage, *was* wir eigentlich wahrnehmen, wenn wir Atmosphären spüren, und wie wir uns zu ihnen positionieren.[11] Der Anthropologe Tim Ingold unterscheidet eine externe

---

10 Zit. n. Michael Bockemühl, *J. M. W. Turner, 1775–1851. The World of Light and Colour*. Köln: Taschen 2015.

11 Tetsurō Watsuji, *Fudo. Wind und Erde – Der Zusammenhang zwischen Klima und Kultur* [1935]. Übersetzt v. Dora Fischer-Barnicol u. Ryogi Okochi. Berlin: Matthes & Seitz 2017; Gernot Böhme, *Aisthetik. Vorlesungen über Ästhetik als allgemeine*

Gegenüberstellung von einer Innensicht der Wetter-Welt: »Den Wind zu spüren bedeutet nicht, äußerlichen, taktilen Kontakt mit den Dingen um uns herum herzustellen, sondern sich *unter sie zu mischen.* In dieser Vermischung, in der wir leben und atmen, verbinden uns der Wind, das Licht und die Feuchtigkeit des Himmels mit den Stoffen der Erde. Kontinuierlich bahnen sie einen Weg durch das Dickicht von Lebensverbindungen, die einen Ort ausmachen.«[12] Ingold stellt so ein »Im-Wetter-Sein« *(inhabitation)* einer Vorstellung von »Auf-der-Welt-Sein« *(exhabitation)* entgegen. Sich *auf* der Welt zu situieren bedeutet, sich als Subjekt einem Objekt gegenüberzustellen – und sei dies die ganze Erde. *Im* Wetter Sein dagegen ist ein Umschlossensein im turbulenten Zwischenraum zwischen Himmel und Erde, ein offener Raum mit eigenen Dynamiken, Energien und Verflechtungen. Atmosphären, so Ingold, können wir nicht anders als immersiv wahrnehmen, von innen.

Das Interesse der Phänomenologie an Atmosphären liegt in der Lockerung der Positionen von Subjekt und Objekt (aber nicht unbedingt ihrer Auflösung). Im Wind, im Wetter, in der Luft zu sein bedeutet, in eine Atmosphäre einzutauchen, allerdings eine, die – wie Atem oder Hitze und Kälte – nicht nur bis ins Körperinnere eindringt, sondern auch in die seelische Befindlichkeit. Atmosphären-Wahrnehmung ist Immersion. Wetter, so Schmitz, erleben wir als leiblich und affektiv spürbare »Betroffenheit« oder »Ergriffenheit« wie im Wind, »der als Bewegung ohne Ortswechsel gespürt wird, wenn man ihn nimmt, wie er sich gibt«.[13] Die Wahrnehmung von Witterung, Temperatur, grauem Himmel, Jahreszeiten, Winden und Gerüchen lässt sich also nicht einfach als Perzeption einer Außenwelt beschreiben, sondern ist das Eintreten in einen Raum, der einen umfängt und ergreift, aber auch affektiv bewegt, in eine Stimmung versetzt. Atmosphärische Phänomene, so Gernot Böhme, sind »gestimmte Räume«, Räume, in denen Umgebendes und Innerliches in einen Bezug treten. Allerdings muss diese Resonanz zwischen Ich und Atmosphäre nicht notwendig eine Gleich-Stimmung sein. Sie kann sowohl »Ingressions-« (Eintreten in eine Stimmung) als auch »Diskrepanzerfahrung« (Divergenz von Innerem und Äußerem) sein. Die Tristesse eines Wintertags mag der inneren Niedergeschlagenheit korrespondieren;

Wahrnehmungslehre. München: Fink 2001; Tim Ingold, *The Perception of the Environment. Essays on Livelihood, Dwelling and Skill.* London: Routledge 2000.
12 Tim Ingold, *Earth, Sky, Wind, and Weather.* In: Mike Hulme (Hrsg.), *Climate and Cultures.* Bd. IV. London: Sage 2015.
13 Hermann Schmitz, *Atmosphären als Mächte über die Person.* In: Barbara Wolf / Christian Julmi (Hrsg.), *Die Macht der Atmosphären.* Baden-Baden: Karl Alber 2020.

aber auch der Kontrast zwischen individueller Verzweiflung und der Glorie des ausbrechenden Frühlings kann eine solche atmosphärische Gestimmtheit sein – eine, die möglicherweise viel dramatischer ist als die Konvergenz.

Für Böhme ist die Wahrnehmung atmosphärischer Zustände eine Resonanz-Beziehung. In seiner Theorie über *Wind und Erde* (*Fūdo*, 風土) hat der japanische Philosoph Tetsurō Watsuji Klima dagegen als einen Raum verstanden, in dem der Mensch – als Individuum, aber vor allem auch als Kulturwesen – *sich selbst* »entdeckt«. Auch wenn das japanische Wort *fūdo* die natürliche Umwelt meint, geht es Watsuji gerade darum, Klima *nicht* als Äußerliches, sondern als »subjektive Daseinsstruktur« zu verstehen. Die Kälte, die wir spüren, wenn wir in kalte Witterung heraustreten, ist eine Selbstwahrnehmung: Wir spüren uns als diejenigen, »die hinausgetreten sind«: »Indem wir Kälte empfinden, entdecken wir uns in der Kälte selbst. […] Deshalb ist das ›draußen Seiende‹ seinem Wesen nach kein Ding oder Objekt, genannt ›Kälte‹, sondern wir selbst sind dieses ›draußen Seiende‹. ›Ex-sistere‹, das Hinaustreten, ist das Grundprinzip unseres Daseins.« Im Klima, im Wetter, in der Luft zu sein bedeutet so, sich in einem Raum des »Zwischen« – zwischen Himmel und Erde, Ich und Welt, Innen und Außen – zu situieren. Und dieser Raum ist eine Welt des permanenten Wirbelns, Wandels und Sich-Verwandelns.

Allerdings ist Klima für Watsuji nicht nur Selbstwahrnehmung, es ist auch das Medium des sozialen Miteinander. Kleidung, Häuser, Alltagspraktiken, Ernährung – all dies sind kollektive Praktiken in Reaktion auf einen »gemeinsamen Grund«, ein kollektives »Hinaustreten« in das Klima. Gesellschaften sind Kollektive von Menschen, die sich mithilfe bestimmter Bräuche, Gewohnheiten, Architekturen, Kleidung, Rituale, Feste usw. gemeinsam im Klima einrichten. Klima ist so das »Zwischen« der Gesellschaft, das Gemeinsame, in dem eine Gesellschaft ihre kulturelle Identität findet. Es wäre darum ein Missverständnis, Klima auf natürliche Umwelt zu reduzieren, die der Kultur und Geschichte des Menschen gegenübersteht. »Das Sich-selbst-Verstehen des Menschen […] als individuelles und als gesellschaftliches Wesen ist immer auch schon geschichtlich. Es gibt kein von der Geschichte losgelöstes Klima und auch keine vom Klima losgelöste Geschichte.« Klima ist das, worauf sich eine Gesellschaft als ihr Gemeinschaftliches bezieht, die Grundbedingung des Wohnens an einem Ort: die Luft, die alle gemeinsam atmen, die Winde, die alle gleichermaßen ertragen müssen.

Ist Klima ein Raum, der nur von innen exploriert werden kann, eine Relation oder Resonanz, dann stellt sich die Frage, wie dieses »Zwischen« des Klimas oder der Luft begrifflich gefasst werden kann. Ingold schlägt vor, den Luftraum zwischen Himmel und Erde, zwischen Lebewesen und Dingen als

Medium zu fassen. »Die offene Welt, die wir bewohnen, ist nicht im Voraus für uns hingestellt, sondern im permanenten Entstehen«, so Tim Ingold. »Es ist eine Welt, die sich formiert und transformiert [...] Dafür müssen wir unsere Aufmerksamkeit von den verfestigten Substanzen der Welt [...] hin zu den Medien wenden, in denen sie Form gewinnen, aber in denen sie sich auch auflösen können. Meine Vermutung ist, dass es das Medium ist und nicht die Oberfläche, [...] wo das meiste los ist [*where most of the action is*].« Die »action« ist nicht die Interaktion zwischen festen Substanzen – ob als Einwirkung oder als Perzeption –, es sind die Dynamiken, die *im Medium* entstehen und vergehen.

Um Medium zu sein, muss dieses wandelbar sein, in einem ständigen Wirbeln oder Fließen, das aber als solches nicht wahrgenommen wird, es sei denn in seiner Trübung und Turbulenz. Es kann nicht immateriell sein, aber auch nicht von einer festen, starren Materialität, die Prozesse wie Signalübertragung, den Transport von Energie und Materie oder auch Stoffwechsel nicht erlauben würde. Statt die Luft also als Substanz zu verstehen, ist es produktiver, sie als Medium zu fassen, als eine offene Umgebung, in deren Wirbel wir eingetaucht sind, von der wir umgeben und durchdrungen sind. Nur in dieser Immersion sind Wahrnehmungen möglich: hören, sehen, fühlen. Witterungen sind diese zarten oder kräftigen Turbulenzen des Mediums, die Manifestation seiner Präsenz und Materialität.

Die Luft als Medium zu betrachten heißt, weniger zu fragen, was dieses Medium *ist*, sondern was es leistet und ermöglicht. Ein Bewusstsein von Luft als Medium beginnt schon sehr früh, spätestens mit Evangelista Torricellis Begriffsprägung des »Luftmeers« im 17. Jahrhundert, ein Begriff, der lange gebräuchlicher war als »Atmosphäre«.[14] In deutscher Sprache findet es sich ganz ausdrücklich beim Dichter Barthold Heinrich Brockes, der von der Luft als einem »Mittel« zwischen »Leib und Geist« spricht.[15] Eine Wahrnehmungsgeschichte von Luft und Klima ist also nicht nur eine ihrer Erscheinungsweisen, sondern vor allem auch eine der Vorstellungen von ihrer Funktion: als Zwischenraum zwischen Erde und Kosmos, in dem die Meteore ihr Unwesen treiben; als Transportvehikel und Bote; als Medium von Sinneswahrnehmungen, vom Geruch über das Sehen und die Wahrnehmungen der Haut bis zu Rede und Musik; als Antrieb des Welthandels durch

---

14 Evangelista Torricelli, *Brief an Michelangelo Ricci vom 11. Juni 1644*. In: *Opere di Evangelista Torricelli*. Bd. III. Hrsg. v. Gino Loria u. Giuseppe Vassura. Faenza: G. Montanavi 1919.
15 Barthold Heinrich Brockes, *Die Luft*. In: Ders., *Irdisches Vergnügen in Gott*. Zweiter Teil [1727]. Hrsg. v. Jürgen Rathje. Göttingen: Wallstein 2013.

die Passatwinde; als Schutzhülle des Planeten gegen die Strahlung und Kälte des Weltraums; als Regulationsinstanz des Erdsystems; als Ursache von Epidemien und Verstimmungen; als Grundlage kultureller Unterschiede; als unteilbares Gemeinsames – oder eben auch Ursache künftiger Katastrophen.

Bemerkenswert dabei ist, dass lange Zeit ein wissenschaftlicher und ein ästhetischer Blick auf diese Wirkungen durchaus miteinander verbunden sind, etwa bei Brockes, der lange Lehrgedichte über das Wirken und Wesen der Luft schreibt; bei Johann Gottfried Herder, der eine ganze Kulturtheorie auf die Auseinandersetzung von Menschen mit ihren Klimata gründet; bis hin zu Goethe und Humboldt, die in den historischen Anfängen der Meteorologie die ästhetischen Valeurs von Witterungen, Wolkenformen, Landschaften und Klimata herausarbeiten. Sie alle führen vor, dass eine Wissenschaft und eine Aisthesis der Luft sich nicht ausschließen müssen.

Im 19. Jahrhundert aber ändert sich nicht nur das Wissen von der Atmosphäre. In dem historischen Moment, wo mit der Geburt der modernen Meteorologie Wahrnehmung und Wissen von der Atmosphäre sich voneinander zu entfernen beginnen, steht die Aisthesis der Luft plötzlich vor einem Medium, das zunehmend intransparent wird. Schon Constables Wetter- und Wolkenbilder fokussieren immer mehr auf die Turbulenzen des Himmels als auf die Landschaft, Turners und Monets Darstellungen von dunst-, dampf-, und rußgetrübten Lüften führen Luft als pastose Substanz vor, die die Welt eher verschleiert, als sie sichtbar zu machen.

Damit drängt sich das Medium, dessen kristalline Klarheit Brockes und sogar der frühe John Ruskin noch gefeiert hatten, selbst in den Vordergrund als »dicke Luft« der Industrialisierung. Am Ende seines Lebens jammert Ruskin über den Pestwind der Moderne, der nicht nur das Wetter, sondern vor allem auch den moralischen Sinn des Menschen verdorben hat. Bestenfalls werden Witterungen und Atmosphären nun zu Resonanzräumen ganz individueller Stimmungen, wie etwa in den Winden, Witterungen und Gerüchen, die Thomas Manns Helden Gustav Aschenbach in Venedig erst in erotische Raserei, dann in den Tod treiben. Jeder Held, so wusste schon F. C. Delius, hat, so scheint es, nun sein ganz eigenes Wetter.[16]

Aber schon damals entstand auch eine Bewegung in der Architektur und Stadtplanung, die genau das Gegenteil will: eine möglichst vollständige Abschirmung des Menschen von den Fährnissen der Witterung und des Klimas: Gewächshäuser, Passagen, immer intensiver beheizte Privatwohnungen,

---

16 Friedrich Christian Delius, *Der Held und sein Wetter. Ein Kunstmittel und sein ideologischer Gebrauch im Roman des bürgerlichen Realismus.* München: Hanser 1971.

immer intensiver klimatisierte Bürogebäude, Shopping-Malls und öffentliche Gebäude läuten den Siegeszug des Airconditioning ein, das den Alltag in eine Zone stabiler Normtemperatur verwandelt hat. Die Toleranz
für Hitze und Kälte, Wind und Wetter ist damit ebenso geschwunden wie
die Formen klimatischer Intelligenz, die sich in traditioneller Architektur,
bestimmten Kleidungsstücken, Verhaltensregeln, Nahrungsmitteln usw.
ausgedrückt hatten. Für die, die es sich leisten können, findet der Alltag
heute weitgehend in energieintensiven Klimakapseln statt, die eine weltwei-
te Normtemperatur von 22 Grad Celsius und 50 Prozent Luftfeuchtigkeit
vorschreiben. Turrells Trick, den Betrachtenden die Luft, den Himmel, das
Klima zu sehen und zu spüren zu geben, besteht in nichts anderem, als diese
Klimakapsel aufzubrechen.

Literarisch thematisiert wird Klima heute überwiegend als »Klima-
katastrophe«: mit überschwemmten Städten, schrecklichen Dürren, ungewöhnlichen Temperaturen, ausgestorbenen Arten oder Wellen von
Klimaflüchtlingen bebildert *climate fiction* das dystopische Imaginäre des
Klimawandels. Was heute vom Klima übrig bleibt, ist ein Imaginationsraum
zur Bearbeitung der politischen Aporien, die sich aus der Trennung von
Natur und Gesellschaft ergeben. Bezeichnenderweise konzentrieren sich
die meisten Szenarien, die dabei entworfen werden, auf zwei alternative
politische Fantasien – gelegentlich auch die Kombination beider: einerseits
totalitäre Klimakontrollregime mit brutalen Ein- und Ausschlussszenarien
(wie etwa in John Lanchesters *The Wall* von 2019) oder totales soziales
Chaos und allgegenwärtige Gewalt (wie in Cormac McCarthys *The Road*).

Klimawandel kann nur als soziale Horrorvorstellung in den Blick genommen werden. Die radikale Trennung zwischen Natur und Gesellschaft, die
Reduktion der Natur auf eine »Ressource« oder »Umwelt«, führen dazu,
dass ein Wandel des Sozialen im Klimawandel nur als Desaster gedacht
werden kann. Es scheint deutlich schwerer, sich schrittweise Reformen und
umsichtige Revisionen gegenwärtiger Lebensstile, Wirtschaftsformen und
Machtverhältnisse vorzustellen als den ganz großen Zusammenbruch.

Genau darum ist es nicht bloß von antiquarischem Interesse, zu fragen,
was Klima einmal *war*. Denn es ist auch eine Chance zu fragen, was Klima
sein könnte. Welche Sensorien, Aufmerksamkeiten, Wissensformen und
Imaginationen werden wir brauchen, um die Externalisierung der Luft
rückgängig zu machen? Selbst in der wohlmeinenden Rede vom Klima als
»natürlicher Umwelt«, »materieller Grundlage« und »Ressource« oder auch
»Klimaschutz« ist diese Externalisierung weiterhin präsent. Sie erklärten
das Medium des Lebens zu einem Objekt, das wir nutzen, schonen und
schützen können, nicht als ein Medium, das mit unseren Gesellschaften,

Affekten, Identitäten, unserer Gesundheit und unserer Zeit – kurzum: unserem In-der-Welt-Sein – intensiv verbunden ist. Mit der neuen, klimawandelbedingten Aufmerksamkeit für die Zustände der Atmosphäre eröffnet sich auch die Chance für einen Wandel dessen, was Klima für uns ist: wie es gefühlt und wahrgenommen wird, welche individuellen Empfindungen, kollektiven Werte und Praktiken daran geknüpft waren, sind und werden könnten.

Denn jenseits der düsteren Prognosen der Klimawissenschaft und dem politischen Zank um Klimaschutz brauchen wir dringend neue Vorstellungen davon, was es heißt, sich im Klima zu situieren und Klima als die gemeinsame Basis – das Gemeingut – von Gesellschaften wiederzuentdecken. Es geht ja nicht nur um die individuellen Empfindlichkeiten und Narrative einer Aisthesis des Klimas, sondern auch um ein Bewusstsein davon, dass Luft, Atem, Atmosphären etwas Soziales sind. Viel unmittelbarer als die komplizierten Folgen des Klimawandels lassen sich beispielsweise die »Luftkrankheiten« der Gegenwart wie Luftverschmutzung, Asthma, Pseudo-Krupp und nicht zuletzt Covid-19 als Situationen verstehen, in denen Luft politisch wird. Sie zwingen uns, das gemeinsame Atmen, das kollektive In-der-Luft-Sein neu zu denken und auszuhandeln. Jeder und jede atmet die Abluft, die Abgase und Emissionen der anderen ein. Gesellschaften schaffen sich ihre atmosphärischen Umgebungen selbst im Umgang mit dem globalen Allgemeingut Atmosphäre. Allgemeingut kann man schützen und bewirtschaften – oder aber auch vernachlässigen und zulassen, dass einige sie sich aneignen, sie übernutzen oder schädigen. Eine gemeinsame Identifikation mit der Luft, die wir atmen, mit der Atmosphäre, die alles Leben ermöglicht, wäre die Grundlage für ihre Anerkennung als Gemeinschaftsgut und ihren effektiven Schutz.

www.tropen.de

Patricia Hempel
Verlassene Nester
Roman

304 Seiten, gebunden mit Schutzumschlag
ISBN 978-3-608-50223-7
€ 24,– (D) / € 24,70 (A)

>>Wie Patricia Hempel über den Verlust der Unschuld und über die Nachwendezeit schreibt, ist ein Ereignis.<< *Florian Valerius*

Sommer 1992 im ehemaligen Elbe-Grenzgebiet. Pilly ist dreizehn und sehnt sich nach Zugehörigkeit. Aber auch zwei Jahre nach der Wiedervereinigung hängt ihre Familie noch immer an den Idealen von Gestern. Der Vater flüchtet in die Gaststätte, die Tanten träumen vom Goldenen Westen und von Pillys Mutter fehlt nach wie vor jede Spur. Halt findet Pilly nur in der älteren Mitschülerin Katja. Ein Trugschluss. Sie ahnt nicht, dass am Ende dieses Sommers ihre Welt abermals eine andere sein wird.

>>Patricia Hempel ist eine Meisterin des Untergründigen. Lebenslust und Lebenslügen verwachsen in diesem Roman zu einem beängstigenden Gestrüpp.<< *Katja Kullmann*

Tropen

KRITIK

Politikkolumne

*Das Politische, das Soziale –
und das Deutsche*

Von Christoph Möllers

> »Woran sich halten.
> Aneinander nun ja; wenig genug sind wir.
> Sogar dieser Plural eine Hypothese.«
> Barbara Köhler

Unpolitische Theorie

Es ist nicht leicht zu verstehen, wozu es Politik eigentlich gibt. Keine ausdifferenzierte Sphäre der modernen Welt steht unter solchem Legitimationsdruck, ja, Begriffe wie Legitimität und Legitimation wurden eigens für sie erfunden. Politik muss ihre Existenz rechtfertigen, und das bedeutet, dass man sich eine Welt ohne Politik zumindest vorstellen kann. Einen solchen Rechtfertigungsbedarf würde für Wirtschaft, Kunst, Religion oder Sport, kurzum dem, was im Folgenden in hilfreicher Unschärfe als das Soziale bezeichnet werden soll, niemand anmelden. Deren Existenzrecht darf getrost unterstellt werden. In der (un)politischen Theorie werden folgerichtig nicht nur Konzepte ohne alle politische Herrschaft erträumt, namentlich im Anarchismus, auch die dominante liberale Philosophie versucht, politische Herrschaft durch Rationalisierung zum Verschwinden zu bringen.[1] Herr-schaft soll es nur geben, soweit die Gründe tragen. Herrschaft ist die rechtfertigungsbedürftige Ausnahme von Herrschaftslosigkeit.

Plausibel ist das nicht. Auch wenn sich niemand illegitime Herrschaft wünscht, zeigt sich Herrschaftslosigkeit in neuerer Zeit doch allenfalls in Form des Bürgerkriegs. Wenn das zentrale Legitimationsproblem politischer Herrschaft in ungleich verteilter Macht besteht, dann findet sich dieses auch außerhalb von Politik. Ungleiche Machtverteilung in Wissenschaft, Wirtschaft oder Kunst kann nicht einfach funktional als Herrschaft der Kompetenteren und Kreativeren gerechtfertigt werden. Politik kann sich umgekehrt nicht dadurch legitimieren, dass sie schwach ist. Autoritäre Systeme zeichnet nicht selten aus, dass in ihnen die Politik Beute sozialer Mächte ist.[2]

Trotzdem hat das Misstrauen in die Politik selbst in den Gesellschaften demokratischer Gemeinwesen etwas Selbstverständliches. Daneben pflegt es nationale Eigenheiten. In Deutschland, um das es im

---

1 Zum Beispiel Philip Pettit, *Republicanism.*
A Theory of Freedom and Government.
Oxford University Press 1997. Dass solche Theorien für technokratische Politikkonzepte anfällig sind, illustriert der Verfasser auch in *Depoliticizing Democracy.* In: *Politikos. Journal of Social and Political Philosophy*, Nr. 1/1, 2022.

2 Die erste Analyse der dunklen Seite eines »Pluralismus« ist vielleicht Franz Neumann, *Behemoth. Struktur und Praxis des Nationalsozialismus 1933–1944* [1942/44]. Hrsg. v. Alfons Söllner u. Michael Wildt. Hamburg: EVA 2018.

Folgenden allein gehen soll, zeigt es sich nicht zuletzt darin, mit welcher Selbstverständlichkeit Politisches und Soziales mit zweierlei Maß gemessen werden. Bürgerinnen und Bürger werden im Namen des »Wirtschaftsstandorts« aufgefordert, mehr zu arbeiten, aber bei Verbot der Lächerlichkeit nicht aus Patriotismus oder Gemeinsinn. Wer über Bürokratie klagt, meint damit natürlich die öffentliche Verwaltung. An die vielstöckigen sklerotischen Organisationsformate deutscher Banken und Automobilkonzerne würde niemand denken. Wie überhaupt erfolgloses Wirtschaften zumeist als politisches Problem ausgewiesen wird.

Hinter alldem steckt, so die hier vorzustellende Vermutung, der Glaube an die bloße Abgeleitetheit politischer Vergemeinschaftung aus dem Sozialen. Letztlich geht die wirtschaftliche oder kulturelle Vergemeinschaftung der politischen vor. Während politische Einheiten wie Nationen bloß imaginiert sind,[3] sind soziale Strukturen gewachsen und aus eigenem Recht legitim. In ihren härteren Varianten wird das Soziale so zur Wurzel eines kulturalistischen, möglicherweise rassistischen Volksbegriffs; aber das soll hier weniger interessieren als die keineswegs totalitär, aber eben fundamental apolitische Konzeption von Politik als uneigentlichem Produkt des Sozialen. Dabei soll es ausdrücklich nicht darum gehen, ver-

schüttete Fantasien staatlicher Souveränität wiederauferstehen zu lassen. Es geht um den normativen Anspruch demokratischer Politik, darum, dass die künstliche und umständliche Form der Vergemeinschaftung in politischer Freiheit und Gleichheit nur dort funktioniert, wo sie ihre Eigenheiten bewahren kann.

»Staat und Gesellschaft«

Einer viel erzählten Geschichte zufolge ist die Annahme, Staat und Gesellschaft seien voneinander getrennte Einheiten, Ausdruck eines unzureichenden, typisch deutschen Politikverständnisses.[4] Man habe sich den Staat in Deutschland als von der Gesellschaft abgehobenes Gebilde vorgestellt, als neutrale Bürokratie, die sich mit dem Sozialen nicht gemein mache, und damit von vornherein in obrigkeitsstaatlichen Kategorien gedacht. Richtig sei es dagegen, in der Demokratie Politik als Selbstorganisation des Sozialen zu denken.[5]

Die Kritik ist nicht falsch. Sie weist auf die Verwechselung von demokratischer Politik mit vermeintlich sachverständigem neutralem Verwalten hin, über die schon Max Weber klagte und die sich bis heute in Deutschland findet.[6] Aber diese Kritik beschreibt eben nicht nur ein Pro-

---

3 Benedict Anderson, *Imagined Communities. Reflections on the Origin and Spread of Nationalism*. London: Verso 1983. Die schlagworthafte Verwendung dieses Buchtitels wäre eine eigene Geschichte wert. Oft scheint unterstellt zu werden, das Imaginierte sei irreal. Fantasielosigkeit sollte man auch hier nicht mit Realismus verwechseln.

4 Eine einflussreiche Kritik bei Horst Ehmke, *»Staat« und »Gesellschaft« als verfassungstheoretisches Problem*. In: *Staatsverfassung und Kirchenordnung: Festgabe für Rudolf Smend*. Tübingen: Mohr Siebeck 1962.

5 Der Ausdruck war polemisch gemeint von Carl Schmitt, *Hugo Preuß. Sein Staatsbegriff und seine Stellung in der deutschen Staatslehre*. Tübingen: Mohr Siebeck 1930.

6 Florian Meinel, *Das Bundesverfassungsgericht in der Ära der Großen Koalition: Zur*

blem, sie ist auch Symptom eines anderen. In ihr ist das Soziale das Eigentliche, das Politische das Abgeleitete – und es ist diese Vorstellung, über die es sich seinerseits noch einmal nachzudenken lohnt.

So hat die politische Theorie in Deutschland lange gebraucht, bevor sie Parlamente als Repräsentantinnen eines egalitären politischen Subjekts, eines Volks der Freien und Gleichen, denken konnte. In Hegels Rechtsphilosophie repräsentieren die gesetzgebenden Kammern nicht das Staatsvolk, sondern die bürgerliche Gesellschaft[7] – eine Konstruktion, die sich in der Parlamentarismustheorie bis Ende des 19. Jahrhunderts wiederfindet, noch bei Hugo Preuß, dem späteren Verfasser der Weimarer Reichsverfassung.[8] Dass diese Vergangenheit nicht vergangen ist, zeigt sich daran, dass das ganz Alte nun als ganz Neues wiederersteht: ein Bürgerrat, wie ihn der Bundestag durch Losverfahren einsetzt, verspricht endlich wieder die parteienfreie soziale Repräsentation der Bürger, die kein politisches Subjekt werden dürfen, um vernünftig deliberieren zu können.[9]

Wenn dagegen die Annahme, der Staat sei eine bloße Selbstorganisation der Gesellschaft, überhaupt kritisiert wurde, dann von Etatisten wie Schmitt und seinen Schülern, die darüber klagten, dass der Staat eine machtlose Beute der Verbandsherrschaft geworden sei. Diese Kritik will einen mächtigeren Staat, keinen demokratischen, sie verwechselt die parlamentarische Demokratie mit Machtlosigkeit. Von der Würde eines demokratischen Gemeinwesens, die sich aus dem normativen Anspruch eines egalitären Mandats ergibt, weiß sie nichts.

Deutlich zeigt sich die hier infrage stehende Sicht in der allgegenwärtigen Forderung nach sozialer oder gesellschaftlicher Akzeptanz politischen Handelns. Was positiv damit gemeint ist, lässt sich schwerlich genau bestimmen, aber die konkrete Negation des Begriffs ist klar: Eine demokratische Mehrheit hat für sich keine hinreichende Legitimation, um eine politische Entscheidung gegen Widerstand durchzusetzen. Diese bedarf weiterer sozialer Anerkennung. Dass der Gedanke der Akzeptanz darauf hinausläuft, sozial ungleich verteilte Widerstandsmöglichkeiten gegenüber Verfahren demokratischer Gleichheit zu prämieren, wird dabei selten gesehen. Dass das deutsche System des Regierens ohnehin Veto-Positionen liebt, und zwar nicht nur auf der Ebene des Bundes, sondern auch in der Fläche, wenn zentrale Planungen vom Wohlwollen der unteren Ebenen abhängen, erscheint unter diesen Voraussetzungen folgerichtig. Die Demokratisierung des Vetos gegen demokratische Entscheidungen ist aber auch eine Version der Tyrannei der Minderheit.[10]

Rechtsprechung seit dem Lissabon-Urteil. In: *Der Staat*, Nr. 60/1, 2021.

7 Zur Kritik schon Franz Rosenzweig, *Hegels Begriff der politischen Verfassung* [1920]. In: Manfred Riedel (Hrsg.), *Materialien zu Hegels Rechtsphilosophie.* Bd. 2. Frankfurt: Suhrkamp 1975.

8 Christoph Schönberger, *Das Parlament im Anstaltsstaat.* Frankfurt: Klostermann 1997.

9 Frank Decker, *Bürgerräte – Abhilfe gegen die Repräsentationskrise oder demokratiepolitisches Feigenblatt?* In: *Zeitschrift für Parlamentsfragen*, Nr. 52/1, 2021.

10 Zum Problem vgl. Steven Levitsky / Daniel Ziblatt, *Die Tyrannei der Minderheit. Warum die amerikanische Demokratie am Abgrund steht und was wir daraus lernen*

Zur verbreiteten Vorstellung einer benevolenten Überwucherung des Politischen durch das Soziale gehört die Vermutung, der Staat sei letztlich nicht nur nicht legitimiert, sondern schon gar nicht dazu in der Lage, zu handeln, wenn das Soziale nicht mitspiele. In einer gern verwendeten Formulierung: Verbote bringen nichts. Diesem Satz liegt zugleich eine Über- und eine Unterschätzung politisch gesetzter Normen zugrunde. Auf der einen Seite erzeugen Verbote natürlich nicht ihre eigene Befolgung, sonst wären sie keine Normen.[11] Auf der anderen Seite haben sie aber einen wichtigen unmittelbaren Effekt. Durch das Verbot steht eine Handlung nunmehr in Widerspruch zum formalisierten Willen der demokratischen Gemeinschaft.

Welchen Wert man dieser Form der Bewertung zuspricht, hängt allein davon ab, für wie bedeutsam man demokratische Willensbildung hält. Gilt das Verbot als irrelevant, gilt dies auch für die demokratische Gemeinschaft, die es ausgesprochen hat. Im Ergebnis dürften demokratische Gebote nur soweit Anerkennung verdienen, wie sie befolgt würden. Im Idealfall sozialer Selbstregulierung soll der demokratische Staat nur tun, was die Gesellschaft ohnehin tun würde. So wird die Überflüssigkeit von Politik zur Selffulfilling Prophecy.

Dass dies schwerlich durchzuhalten ist, zeigt sich am politisch selektiven Gebrauch der Formel. Nur wenige würden heute in einem Atemzug behaupten, dass sowohl das Verbot einer antisemitischen

Demonstration von Palästinafreunden als auch das Verbot einer antisemitischen Partei von Deutschtümlern nichts »bringe«, obwohl das gängige Argument, dass damit Gesinnungen nicht verschwänden, für beide gilt. Um Gesinnungen geht es aber ohnehin nicht, Innerlichkeit ist hier nicht von Interesse, sondern der Schutz der öffentlichen Ordnung.

Soziologisierung der Politik

Wenn Politik eine Ableitung aus dem Sozialen ist, dann liefert die Soziologie die beste Theorie des Politischen. Für die frühe bis mittlere Bundesrepublik war die Soziologie eine Leitdisziplin. Es entstand viel interessante Sozialtheorie, aber kaum politische Theorie. Politik erweist sich aus einer soziologischen Perspektive nun keineswegs zwingend, aber in der gegenwärtigen Debatte doch recht oft als Beschreibung von individuellen Haltungen, mit denen die Politik auszukommen hat. Die vielbehauptete Feststellung, die Gesellschaft der Bundesrepublik sei mehr und mehr gespalten, ist eine solche soziologisierende Formulierung eines politischen Problems.

Was aber kann die Diagnose der »Spaltung« für eine ausdifferenzierte Gesellschaft bedeuten? Wird sie mit soziologischen Mitteln gesucht, so zeigt sie sich nicht. Eine Kernthese der Studie von Steffen Mau, Thomas Lux und Linus Westheuser lautet,[12] dass aus individuellen Einstellungen zu bestimmten Politikfeldern keine politisch entsprechenden Ein-

---

können. Aus dem Englischen von Klaus-Dieter Schmidt. München: DVA 2024.

11 Christoph Möllers, *Die Möglichkeit der Normen.* Berlin: Suhrkamp 2015.

12 Steffen Mau / Thomas Lux / Linus Westheuser, *Triggerpunkte. Konsens und Konflikt in der Gegenwartsgesellschaft.* Berlin: Suhrkamp 2023.

stellungen zu anderen politischen Fragen folgen. Es ergeben sich keine klaren Lager.

Offen ist, was politisch daraus folgt. Das Schreckgespenst gesellschaftlicher Spaltung sieht nämlich dem Ideal des parlamentarischen Regierungssystems, in dem sich Regierung und Opposition in unterscheidbaren Lagern gegenüberstehen, recht ähnlich.[13] Nur wenn sich unterschiedliche Überzeugungen so bündeln lassen, dass sie zu klar definierbaren Mehrheiten und Minderheiten zusammenfallen, funktioniert die parlamentarische Repräsentation. Die Bundesrepublik des Jahres 1972, in der bei einer Wahlbeteiligung von über 91 Prozent fast 91 Prozent der Zweitstimmen an SPD oder Union gingen, war der Höhepunkt ihrer Funktionsfähigkeit. So führte die Integrationskraft der Volksparteien eine Zeit lang zu einer quasi habitualisierten Zweiteilung der politischen Welt, während die anspruchsvolleren Wählerinnen heute viel seltener einer Partei treu bleiben.

Ironischerweise führt der Anspruch der Wählerinnen an eine politische Partei, stärker mit ihrer je eigenen sozialen Welt identifizierbar zu sein, zur Zersplitterung des Parteienwesens und damit zu weniger Entscheidungsfähigkeit im politischen Prozess. Das Wahlvolk bekommt weniger, weil es mehr verlangt. Eine solche Zersplitterung ist soziologisch sicherlich keine Spaltung, aber politiktheoretisch ein großes Problem, weil es in der Politik nicht um gesellschaftlichen »Zusammenhalt« geht, um eine andere politi-

13 Man kann auch umgekehrt sagen, dass das Phänomen der Wechselwähler die Annahme gesellschaftlicher Spaltung widerlegt: Jürgen Kaube / André Kieserling, *Die gespaltene Gesellschaft*. Rowohlt Berlin 2022.

kersetzende Floskel aufzugreifen, sondern um egalitär formalisierte Entscheidungsfähigkeit.

Die Unklarheit der Spaltungsdiagnose könnte auch in einem Missverständnis über die Art der politischen Bedrohung liegen, mit der die Bundesrepublik im Moment konfrontiert ist. Verbreitet ist die Annahme, man müsse die öffentlichen Institutionen vor einer Art Machtergreifung der AfD bewahren. Das erscheint aber bei einer Partei, die selbst in schwierigen Zeiten und unter einer wenig beliebten Bundesregierung nur in den ostdeutschen Ländern auf 40 Prozent kommt, höchstens der zweite Schritt.

Die eigentliche Gefahr hat sich bereits realisiert. Es ist die sinkende Fähigkeit zur politischen Mehrheitsbildung, die nicht nur in Szenarien zu Thüringen oder Sachsen droht, sondern sich in der Regierungsarbeit der Ampel im Bund bereits verwirklicht hat. Deren Mitglieder tun sich offensichtlich schwer, ihre weltanschaulichen Konflikte im Namen des Ziels eines pragmatisch-erfolgreichen Regierens zu überkommen. Die geringe Kompromissfähigkeit der Beteiligten wie auch das Bedürfnis, Koalitionsoptionen auszuschließen, sind Teile einer allgemeinen Verhärtung, die weder als Polarisierung noch als Spaltung, sondern vielleicht besser als soziale Re-Milieurisierung der Politik zu beschreiben ist, in der alle Parteien meinen, sich auf ihr Kernpublikum konzentrieren zu müssen. Dass dies gefährlich ist, weil die Unfähigkeit zur Mehrheitsbildung das System mehr delegitimieren kann als alles andere, liegt auf der Hand.

Die Feststellung, es gebe keine Spaltung der Gesellschaft, ist dann von geringem politischen Beschreibungswert. Der

Weg einer Erhebung, die feste Positionen abfragt, um Triggerpunkte, »rote Linien«, zu entdecken, also individuelle Einstellungen, die als politisch nicht verhandelbar gelten, so das Vorgehen der Studie von Mau, Lux und Westheuser, übergibt die Möglichkeit politischer Gestaltung einer wissenschaftlich ermittelten sozialen Kompromisslosigkeit. Schnell wird Politik dann als sinnloses Gezerre an einem veränderungsmüden Publikum gelesen. Die Veränderungen freilich kommen so oder so, politisch gestaltet oder auch nicht.

Dieses Problem zeigt sich deutlich an der Diskussion um die Lage in Ostdeutschland. Dass mit einer sozialen Angleichung zwischen den ostdeutschen und den westdeutschen Teilen des Landes nicht zu rechnen ist[14] und dass sich neben diesen sozialen Unterschieden im Osten auch ein spezifisches Politikverständnis zeigt, sind wichtige Einsichten.[15] Dieser Zustand schreibt aber nicht einfach soziale Umstände fort, sondern ist seinerseits auch Ergebnis politischer Gestaltung – durch die unterbliebene gesamtdeutsche Verfassungsgebung, namentlich durch die Gestaltung von Ländergrenzen, die die personell nicht klar zu ziehende Grenze zwischen Ostdeutschen (wie dem Hessen Höcke) und Westdeutschen territorial formalisiert und verstetigt.

Es ist nicht zuletzt die Struktur des bundesstaatlichen Systems, die bundespolitische Deutung der Landtagswahlen und die starke Repräsentation der ostdeutschen Länder im Bundesrat, die die sozialen Unterschiede zwischen den Konstruktionen »Ost« und »West« politisch verstärkt. Im Ergebnis wird dann oft dort vom »Osten« gesprochen, wo dessen AfD-wählende Minderheit gemeint ist – und mit dieser Zurechnung gewinnen die Anliegen der AfD zusätzlich an Legitimität, weil sie mehr sind als bloß »politisch«.

Nur das kann erklären, wie eine Partei, die bundesweit unter 20 Prozent liegt, dazu Anlass geben könnte, darüber nachzudenken, der Ordnung des Grundgesetzes eine weitere Kammer mit ausgelosten Mitgliedern beizugesellen. Wenn es dagegen einen Ansatzpunkt für Reformen gibt, dann dort, wo institutionell das Soziale in das Politische übergeht: in der Kommunalpolitik. Sie ist in Ostdeutschland von besonderer Bedeutung und operiert mehr und mehr ohne politische Parteien. Sie wäre der Ort, institutionelle Formen auszuprobieren, ohne die parlamentarische Demokratie über den Haufen zu werfen.

Politische Willensbildung »von unten«

In einer alten von Lorenz von Stein stammenden und vom Bundesverfassungsgericht oft übernommenen Formulierung erfolgt die politische Willensbildung in der Demokratie von unten nach oben.[16] In der Demokratie steht das Volk also unten. Neben diesem unbemerkten metaphorischen Unfall führt die Metapher auch deswegen in die Irre, weil sie unterstellen muss, es gebe politische Vergemeinschaftung ohne politische Institutionen. In der eigentümlichen Vorstellung eines »vorpo-

14 Steffen Mau, *Ungleich vereint. Warum der Osten anders bleibt.* Berlin: Suhrkamp 2024.

15 Christina Morina, *Tausend Aufbrüche, Die Deutschen und ihre Demokratie seit den 1980er Jahren.* München: Siedler 2023.

16 Lorenz von Stein, *Geschichte der sozialen Bewegung in Frankreich von 1789 bis auf unsere Tage.* Bd. 1 [1847]. München: Drei Masken Verlag 1921.

litischen«, also in einem unspezifischen Sinn sozialen Volks hat diese Vorstellung auch eine missbrauchsanfällige Ausprägung gefunden, die unterstellt, es gäbe Deutsches vor der Politik, also als Sozialisierung durch Geschichte, Kultur oder Rasse. Historisch dürfte dies nicht zutreffen, vielmehr gilt: »Ethnogenese folgte der Herrschaftsbildung, nicht umgekehrt.«[17]

Die Rede von »oben« und »unten« stellt vor allem eine weitere Form der Sozialisierung des Politischen dar. Zu ihr passt, dass in Deutschland in einer recht einmaligen Konstruktion das Wahlrecht wie ein privatnütziges Grundrecht verstanden wird. Regelungen, die die Mehrheitsbildung im Parlament ermöglichen sollen wie die Fünfprozentklausel, sind dagegen nicht ohne Weiteres gerechtfertigte Eingriffe in diese Freiheit. Der parlamentarische Willensbildungsprozess ist aus der individuellen Willensbildung des Einzelnen abgeleitet. Selbst bei der Wahl des Parlaments ist der Citoyen in Wirklichkeit ein Bourgeois.

Doch muss jedes demokratische Wahlrecht auf politische Vergemeinschaftung ausgerichtet sein. Damit greift es nicht als äußerliches politisches Instrument in ursprüngliche Rechte der Individuen ein, vielmehr gestaltet die demokratische Gemeinschaft mit seiner Hilfe die eigene Willensbildung immer wieder neu.[18] Es muss dazu auch auf die Kompromissfähigkeit der Wähler setzen. Das Argument, die Fünfprozentklausel sei zu senken, weil immer mehr Wähler kleine Parteien wählten, die durch diese ausgeschlossen würden, hält eine Norm (siehe oben) nur für legitim, wenn sie nicht gebraucht wird. Die Willensbildung der Gesellschaft wird als quasi naturwüchsig vor den Formen geschützt, die politische Mehrheitsbildung ermöglichen.

Ein ganz ähnliches Missverständnis zeigt sich in der Kritik, das Parlament sei nicht mehr repräsentativ, weil es bestimmte Bevölkerungsschichten nicht abbilde,[19] weswegen das Wahlrecht angepasst werden müsse. Wieder soll das Soziale das Politische überwölben. Natürlich gibt es in der Bundesrepublik viele Formen sozialer Exklusion: Teile der Gesellschaft finden sich etwa von Bildung oder Gesundheitsversorgung ausgeschlossen. Dieser Ausschluss zeigt sich auch in der politischen Repräsentation. Die Vorstellung, solche Probleme ließen sich durch parlamentarische Repräsentationsregeln ändern, so als sei ungleiche soziale Macht eine Folge politischer Repräsentation, erscheint dagegen nicht nur faktisch an der falschen Seite anzusetzen, sondern auch normativ anfechtbar: Wäre denn die qua sozialer Repräsentativität ins Parlament gekommene Bürgergeldempfängerin dort dazu verpflichtet, sich für Sozial- oder Gleichstellungspolitik einzusetzen, um repräsentativ politisch handeln zu können? Eine wesentliche Funktion demokratischer Politik liegt in der Befreiung von sozialen Milieus. Dass sozial ausgewählte

17 Dieter Langewiesche, *Vom vielstaatlichen Reich zum föderativen Bundesstaat. Eine andere deutsche Geschichte*. Stuttgart: Kröner 2020.

18 Genau analysiert wurde das bei Niklas Luhmann, *Grundrechte als Institution. Ein Beitrag zur politischen Soziologie*. Berlin: Duncker & Humblot 1965.

19 Armin Schäfer, *Vertreter des ganzen Volkes? Über Repräsentation und Repräsentativität*. In: *Merkur*, Nr. 899, April 2024.

Repräsentanten ihre »eigenen« Interessen repräsentieren, ist dagegen ungewiss.

Wenn soziale Exklusion durch Sozialpolitik und nicht durch die Sozialisierung der politischen Repräsentation bekämpft werden muss, dann sind umgekehrt alle Formen nichtrepräsentativer Politik auf Exklusionseffekte hin zu beobachten. Tatsächlich mobilisieren alle möglichen Formen von Bürgerbeteiligung deutlich weniger Menschen als Parlamentswahlen. Versuche, neue Partizipationsformen einzuführen, sind deswegen potentiell problemverschärfend. Wenn der Deutsche Bundestag, zu dessen Wahl 2021 über 46 Millionen Bürgerinnen und Bürger gültige Stimmen abgegeben haben, nun einen Bürgerrat einberuft, möchte man seinen Abgeordneten zurufen: Seid stolz darauf, was Ihr seid – und versucht nicht, Euch durch etwas Schwächeres zu ersetzen. Denn unweigerlich ist in einer auf strikte formale Gleichheit angelegten demokratischen Repräsentation jede Ergänzung entweder eine Ersetzung von Repräsentation oder eine Attrappe.

Falsche Bescheidenheit

Vor ein paar Jahren nahm ich in einer Fraktion des Deutschen Bundestags an einer Debatte um Umgangsformen im Hohen Haus teil. Der Vorschlag, diese hätten auch etwas mit dem Repräsentationsanspruch des Parlaments zu tun, das als das »eigentliche Selbst« des Volks einen vorbildlichen Umgang pflegen sollte,[20]

wurde zurückgewiesen. Auf keinen Fall wollten die Abgeordneten beanspruchen, qua Repräsentation zu etwas Besserem werden zu können. Es scheint mitunter, dass die Politik nicht mehr an den Wert des eigenen Mandats glaubt.

Diese falsche Bescheidenheit zeigt, wie schwierig die Unterscheidung zwischen Sozialem und Politischem für demokratische Politik darzustellen ist. Die Unterscheidung ist ein Produkt des Endes des Feudalismus. Der absolute Herrscher war das trojanische Pferd des Politischen, das, einmal in die Sozialordnung des Feudalismus eingebaut, dessen Ende einläutete. Umgekehrt bedienten sich politische Ordnungen immer institutioneller Anleihen aus der sozialen Ordnung des Monarchismus, namentlich der Institution des Staatsoberhaupts.[21] Damit sollte auch das unlösbare Problem gelöst werden, die Herausgehobenheit des republikanischen Amts sichtbar zu machen, ohne es undemokratisch aussehen zu lassen.

Die Stehtischästhetik des Bundespräsidialamts und die unverhohlen monarchische Repräsentation des französischen Staatspräsidenten sind die beiden ästhetischen Enden dieses Dilemmas. Bis heute stützt die aus der Monarchie kommende

20 Ausdruck bei Ernst-Wolfgang Böckenförde, *Mittelbare / repräsentative Demokratie als eigentliche Form der Demokratie. Bemerkungen zu Begriff und Verwirklichungsprobleme der Demokratie als Staats- und Regierungsform*. In: Georg Müller u.a. (Hrsg.), *Staatsorganisation und Staatsfunktionen im Wandel. Festschrift für Kurt Eichenberger*. Basel: Helbing & Lichtenhahn 1982 (mit Dank an Marwin Kerlen für die Bergung der Stelle).

21 Zum republikanischen Staatsoberhaupt als Übergangsform vgl. Holger Grefrath, *Theorie des Staatsoberhaupts*. In: *Jahrbuch des öffentlichen Rechts der Gegenwart*, Nr. 70/1, 2022.

Figur des guten Königs, der nur schlechte Berater hat, autoritäre Präsidialsysteme. Im demokratischen Deutschland übernimmt diese Arbeitsteilung die Unterscheidung zwischen der guten Gesellschaft und der bösen Politik.

Rechtsstaatsvariationen

Philip Manows »Unter Beobachtung«

Von Matthias Goldmann

I.

Philip Manows Essay *Unter Beobachtung* leistet eine notwendige und willkommene Kritik an der jüngeren Entwicklung von Demokratie und Rechtsstaatlichkeit sowie der Beschreibung der gegenwärtigen Rechtsstaatlichkeitskrise. Erstmals in dem Aufsatz *Der Geist der Gesetze* formuliert, rüttelt Manows Kritik zunächst an der Diagnose, dass eine Krise von Demokratie und Rechtsstaatlichkeit überhaupt vorliege.[1] Die Krisendiagnose sei nur die Folge einer Verengung des Demokratiebegriffs seit den 1990er Jahren. Diese Erkenntnis stelle die Maßnahmen der Europäischen Union zum Schutz der Rechtsstaatlichkeit in Ungarn und anderen »renitenten« Mitgliedstaaten radikal infrage. Die EU gieße Öl ins Feuer, wenn sie die Folgen einer überbordenden Rechtsstaatlichkeit mit nur noch mehr Rechtsstaatlichkeit bekämpfen wolle.

Die Lektüre von Manows Essay hat zunächst etwas Befreiendes. Wer sich mit der Geschichte des Kolonialrechts befasst hat, kann sich nicht restlos wohl dabei fühlen, wie die EU ihren renitenten Mitgliedstaaten auf die Finger schaut und sie in Sachen Rechtsstaatlichkeit belehrt. Bei aller Sorge um die Werte der Union, dem in Artikel 2 EU-Vertrag kondensierten supranationalen Äquivalent der freiheitlich-demokratischen Grundordnung:[2] Westeuropäer, die ihre Überzeugungen universalisieren und anderen aufs Auge drücken – das endete schon einmal nicht gut, trotz bester Intentionen.

Manow verleiht diesem Unwohlsein virtuos Ausdruck. Eine Schlüsselfunktion nimmt dabei seine Unterscheidung zwischen allgemeiner, »elektoraler« Demokratie und dem erst in den 1990er Jahren aufkommenden Begriff der »liberalen« Demokratie ein. Die liberale Demokratie kennzeichneten starke, unabhängige Verfassungsgerichte mit der Kompetenz zur Normenkontrolle, rückversichert durch überstaatliche Normschichten und Institutionen. Indem politische Theorie, Verfassungslehre – denen Manow den beanspruchten Beobachterstatus nicht abkauft – und Verfassungspraxis die liberale

---

1 Philip Manow, *Unter Beobachtung. Die Bestimmung der liberalen Demokratie und ihrer Freunde.* Berlin: Suhrkamp 2024; ders., *Der Geist der Gesetze.* In: *Merkur*, Nr. 891, August 2023.

2 Jürgen Bast / Armin von Bogdandy, *Grundlagenteil und Verfassungskern der EU-Verträge. Zur Legitimität des neuen Konstitutinalismus des EuGH.* In: *Juristenzeitung*, Nr. 79, 2024.

Demokratie in den letzten knapp vierzig Jahren zum Leitbild und Schlusspunkt der Verfassungsentwicklung stilisiert hätten,[3] hätten sie erst die begriffliche Möglichkeit einer »illiberalen« Demokratie geschaffen. Diese sei populistisch in dem Sinn, dass sie gegenmajoritäre Gerichte dem Willen der Mehrheit unterwerfen wolle. Letztlich folgten Orban & Co. nichts anderem als dem älteren, die Mitte des 20. Jahrhunderts prägenden Leitbild der elektoralen Demokratie.

So weit, so hegelianisch und so schlüssig. Ohne Hyperkonstitutionalisierung keine Rechtsstaatskrise. Die Revolution frisst ihre Kinder. Gänzlich neu ist die These des Konstitutionalisierungsschubs um 1990 jedoch nicht. In der Rechtswissenschaft setzte in den 1990ern und 2000ern eine Welle an Literatur zur Konstitutionalisierung auf staatlicher und überstaatlicher Ebene ein; dort wurde durchaus rezipiert, dass es sich um ein neues Phänomen handle.[4] Wenngleich diese Literatur das Phänomen ganz überwiegend bejubelte, fehlte es auch in den vergangenen Jahrzehnten nicht an differenzierten und kritischen Stellungnahmen.[5]

II.

Originell und ertragreich ist vor allem Manows These, dass illiberale Bewegungen als Gegenreaktionen auf die Verengung des Demokratiebegriffs durch die Verklärung der liberalen Demokratie zum alleinseligmachenden Modell zu verstehen sind. Insbesondere im Hinblick auf Mittel- und Osteuropa hat diese These hohen Erklärungswert. Beim Fall des Eisernen Vorhangs stand für diese Staaten die Konsolidierung ihrer nationalen Selbständigkeit im Vordergrund.

Von der internationalen Kontrolle der staatlichen Verfassungsentwicklung hatte man nach zig sowjetischen Interventionen erst einmal genug. Die Garantie für die autonome Entwicklung und gegen einen Rückfall in die Diktatur bildete die europäische Integration – die jedoch die Einführung einer liberalen Demokratie mit ihren Verfassungsgerichten und supranationalen Kontrollen vorausgesetzt habe. Dem Ostblock sei suggeriert worden, damit zum westeuropäischen Modell aufzuschließen, obwohl auch in Westeuropa erst um 1990 herum die Verfassungsgerichte, sofern überhaupt vorhanden, ihre Position gegenüber Parlamenten ausbauten. Insofern habe die Einführung der liberalen Demokratie auf falschen Vorstellungen und falschen Vorspiegelungen beruht. Dass einige Verfassungsgerichte

3   Vgl. Rainer Wahl, *Der Einzelne in der Welt jenseits des Staates.* In: *Der Staat*, Nr. 40, 2001.

4   Mattias Kumm, *The Cosmopolitan Turn in Constitutionalism. An Integrated Conception of Public Law.* In: *Indiana Journal of Global Legal Studies*, Nr. 20/2, 2013; Alexander Somek, *The cosmopolitan constitution.* Oxford University Press 2014.

5   Vgl. Sigrid Boysen, *Postcolonial global constitutionalism.* In: Anthony F. Lang/Antje Wiener (Hrsg.), *Handbook on Global Constitutionalism.* Cheltenham: Edward Elgar 2023. Mit Bezug auf die EU zuletzt

Michael A Wilkinson, *Authoritarian Liberalism and the Transformation of Modern Europe.* Oxford University Press 2021; Marco Dani/Marco Goldoni/Agustín José Menéndez, *The Legitimacy of European Constitutional Orders.* Cheltenham: Edward Elgar 2023.

in Mittel- und Osteuropa ihre neugewonnene Machtfülle recht offensichtlich partei- und verteilungspolitisch einsetzten, habe die liberale Demokratie damit diskreditiert, bevor Orban & Co. die Axt an ihre Grundfesten anlegten.

Manow ist beizupflichten, dass im Lichte dieses Befunds die Antwort der europäischen Institutionen und vieler Mitgliedstaaten auf die Rechtsstaatskrise in einigen Mitgliedstaaten am Kern des Problems vorbeigeht, ja, dem Versuch gleichkommt, den Teufel mit dem Beelzebub zu vertreiben. Wenn zu viel richterliche Macht zumindest eines der Probleme hinter dieser Entwicklung darstellt, dürfte der Versuch, sie mit noch mehr Rechtsstaatlichkeit und ergo richterlicher Macht zu bändigen, nach hinten losgehen. Das bestätigt eindrucksvoll den Vorwurf des rechtsstaatlichen beziehungsweise richterlichen *overreach*, der übrigens neben Orban, Kaczyński und anderen auch schon von diversen britischen Regierungen und selbst ehemaligen Bundespräsidenten erhoben worden ist.[6]

Recht kann nicht von einem neutralen Standpunkt aus das Verhältnis von Recht zur Politik bestimmen, genauso wenig wie Europarecht das Verhältnis zum nationalen Recht bestimmen kann. Dieses Ansinnen verwechselt die Teilnehmer- mit der Beobachterperspektive. In einem pluralistischen Setting, seien es verschiedene Funktionssysteme oder verschiedene Rechtsordnungen, lassen sich Vorrangverhältnisse nur durch Aushandlung klären.[7]

III.

Dieses Bild vom Overreach des Rechtsstaats als dem gegenmajoritären Instrument einer westeuropäischen Elite zur Durchsetzung ihrer Interessen ist jedoch unterkomplex. Manows Analyse verengt den Begriff der Rechtsstaatlichkeit analog zu der Verengung des Demokratiebegriffs, die er politischer Theorie und Verfassungslehre – nicht ohne Grund – zum Vorwurf macht. Man könnte fast meinen, dass Manow mit diesem Framing des Rechtsstaats beziehungsweise der Konstitutionalisierung seit den Neunzigern einer populistischen Erzählung auf den Leim geht. Ein Grund dafür mag sein, dass Manows Ursachenanalyse etwas zu kurz greift. Sie gerät wenig systematisch; man muss sich die Versatzstücke einer Erklärung für den Konstitutionalisierungsschub um 1990 aus den verschiedenen Abschnitten des Buchs zusammensuchen.

Verfassungsgerichte, darin ist Manow zuzustimmen, sprossen um 1990 aus dem Boden als augenscheinliche Versicherung gegen den Rückfall in die überwunden geglaubten Diktaturen. Historische Beispie-

---

6   Roman Herzog/Lüder Gerken, *Stoppt den Europäischen Gerichtshof*. In: *FAZ* vom 8. September 2008; Matt Honeycombe-Foster, *5 times Tory prime ministers talked up quitting the ECHR – and then didn't*. In: *Politico* vom 9. März 2023 (www.politico.eu/article/tories-prime-minister-quit-echr-david-cameron-theresa-may-boris-johnson-liz-truss-rishi-sunak/).

7   Vgl. Matthias Goldmann, *Constitutional Pluralism as Mutually Assured Discretion: The Court of Justice, the German Federal Constitutional Court, and the ECB*. In: *Maastricht Journal of European and Comparative Law*, Nr. 23/1, 2016; epistemische Grundlage bei Sergio Dellavalle, *Paradigms of Social Order: From Holism to Pluralism and Beyond*. Cham: Palgrave Macmillan 2021.

le für die Rettung der Demokratie durch Obergerichte mögen ohne Geschichtsklitterung nicht zu haben sein. In den Jahrzehnten nach 1945 konsolidierten wohl weniger das Bundesverfassungsgericht als die aus der Weimarer Republik geerbte Parteienstruktur sowie dann vor allem die wirtschaftliche und militärische West-Integration die bundesdeutsche Demokratie.

Wieso aber schafften es diese Verfassungsgerichte, nach 1990 so mächtig zu werden und Parlamente einer umfangreichen Normenkontrolle zu unterwerfen? Manow sieht die Ursache in der Ausdifferenzierung des Parteienspektrums, die Parlamente geschwächt habe. Diese Erklärung mag auf einige Fälle zutreffen, etwa auf den (moderaten) Machtgewinn des italienischen Corte costituzionale nach dem Untergang der Democrazia Cristiana. In vielen Fällen passt dies jedoch nicht. Zwar ist das osteuropäische Parteienspektrum mit dem westeuropäischen nur bedingt vergleichbar. Parteien definieren sich dort eher nach ihrer Nähe beziehungsweise Ferne zu alten Eliten als nach dem Rechts-links-Spektrum.[8]

Dennoch hielt sich die Zersplitterung des Parteienspektrums gerade in Ungarn in Grenzen. Die sozialdemokratische Partei oder Fidesz regierten teils mit absoluter Mehrheit – gerade während der Zeit der verfassungsgerichtlichen Machtfülle in den 1990ern. Außerhalb Europas lässt sich Kolumbien anführen als Beispiel einer Demokratie mit stark zersplittertem Parteienspektrum; Südafrika als ein Gegenbeispiel mit einem weitgehend vom ANC dominierten Parlament – beiden ist jedoch ein starkes Verfassungsgericht eigen. In Mexiko und Brasilien stand bei vergleichsweise stabilem beziehungsweise stark zersplittertem Parlament der Hyperpräsidentialismus einem Bedeutungszuwachs der Judikative entgegen. Man könnte diese Beispielliste expandieren – die Dynamik des Parteienspektrums trägt als alleinige oder hauptsächliche Erklärung für den »judicial turn« jedoch kaum.

IV.

Dies lenkt den Blick auf die politische Ökonomie als Treiber von Rechtsstaatlichkeit und Verfassungsgerichtsbarkeit. Diesem Feld widmet Manow überraschend wenig Aufmerksamkeit. Er belässt es bei Andeutungen, dass der Aufstieg der Judikative einer neuen Mittelschicht auch verteilungspolitisch gedient habe. Das ist hochgradig plausibel, wenngleich sich die Judikative dabei nicht erst gegen die Politik durchsetzen musste, sondern von ihr eingeladen wurde.

Die Liberalisierung des Kapitalverkehrs in den 1970er Jahren löste einen bewussten und gewollten »judicial turn« auf der internationalen Ebene aus, der im Marrakesch-Abkommen zur Gründung der WTO von 1994 einen Höhepunkt fand. Handel und Auslandsinvestitionen sollten Rechtssicherheit durch die Verbreitung internationaler Gerichtsbarkeit genießen.[9] Der Liberalisierungsschub in der

---

8   Klaus von Beyme, *Systemwechsel in Osteuropa*. Frankfurt: Suhrkamp 1994.

9   Katharina Pistor, *The Code of Capital. How the Law Creates Wealth and Inequality*. Princeton University Press 2019; Armin von Bogdandy / Ingo Venzke, *In wessen Namen? Internationale Gerichte in Zeiten globalen Regierens*. Berlin: Suhrkamp 2014.

Europäischen Union zum Ende der siebziger und Beginn der achtziger Jahre erfolgte in enger Zusammenarbeit zwischen Europäischem Gerichtshof, Kommission und Rat. Die Möglichkeitsräume, die das Prinzip der gegenseitigen Anerkennung mit den Entscheidungen Dassonville (1974) und Cassis de Dijon (1979) eröffnete,[10] griffen die anderen Institutionen gerne auf.[11]

Gerne vergessen wird dabei, dass die bewusste und gewollte Umpolung des internationalen Staatsschuldenwesens von einem weitgehend öffentlichen (bilateralen und multilateralen) zu einem kapitalmarktbasierten System eng mit der Ermächtigung der (amerikanischen) Justiz zur Durchsetzung privater Gläubigerinteressen verbunden ist.[12] Diese in der Litera-

---

10 Historisch rigorose Analyse (einschließlich der Erkenntnis, dass Dassonville erst im Nachhinein durch Cassis zu dem gemacht wurde, was es heute ist) bei Robert Schütze, »*Re-constituting*« *the Internal Market: Towards a Common Law of International Trade?* In: *Yearbook of European Law*, Nr. 39, 2020.
11 Joseph H. H. Weiler, *The Transformation of Europe.* In: *Yale Law Journal*, Nr. 100/8, 1991 (die Rolle des Gerichts betonend); Frank Schorkopf, *Die unentschiedene Macht. Verfassungsgeschichte der Europäischen Union, 1948–2007.* Göttingen: Vandenhoeck & Ruprecht 2023; Laurent Warlouzet, *Governing Europe in a Globalizing World. Neoliberalism and its Alternatives following the 1973 Oil Crisis.* London: Routledge 2018.
12 Republic of Argentina v. Weltover, Inc., 504 U.S. 607 (1992) (Beseitigung von Staatenimmunität); Elliott Associates, L. P. v. Republic of Peru, 194 F.3d 363 (2d Cir. 1998) (Beseitigung der Champerty-Einrede). Vgl. dazu Matthias Goldmann, *The Constitution of Capital. A Study in Law and Political Economy* (in Vorbereitung für 2025).

tur gut reflektierte Verrechtlichung blieb keineswegs auf die internationale Ebene begrenzt;[13] wie das letzte Beispiel zeigt, ist sie eng mit staatlichen Rechtsordnungen verknüpft. Von dem eigenen Feld der Constitutional Economics eingefordert,[14] wurde die Verbreitung von Rechtsstaatlichkeit bald zu einem Merkmal des »Washington Consensus«, besonders nach der Asienkrise von 1997/98, wofür die internationalen Finanzinstitutionen nunmehr ihre finanzielle Macht einsetzten.[15]

Wirtschaftliche Liberalisierung als Erklärung deckt jedoch nur eine Seite der Verrechtlichungstendenzen seit etwa 1990. Zwei unterschiedliche Gegenstrategien zu dieser Liberalisierung bedienten sich jeweils ebenfalls des Mittels der Verrechtlichung. Beide dieser Gegenpositionen

fürchten den Kontrollverlust der staatlichen Ebene durch Globalisierung und Europäisierung; beiden bringen dagegen Gerichte in Stellung und stärken dadurch deren Position. Beide sind zugleich Ausdruck der Tendenz zur Individualisierung – Reckwitz würde sagen: Singularisierung – in ehemaligen Industriegesellschaften im Zuge des Wandels zu Dienstleistungsgesellschaften.

Damit verbunden ist der Bedeutungsverlust intermediärer Institutionen, die für die Organisation politischer Mehrheiten in der Mitte des 20. Jahrhunderts eine maßgebliche Rolle spielten.[16] In der singularisierten Gesellschaft steigt aber die Notwendigkeit, politische Entscheidungen zu begründen[17] – wie auch der Anreiz, diese Begründungen angesichts steigender gesellschaftlicher Pluralität herauszufordern.[18] Dadurch intensivierte sich die gerichtliche Kontrolle politischer Entscheidungen am Maßstab von Individualrechten.[19]

---

13 Vgl. nur Kenneth W. Abbott u.a., *The Concept of Legalization*. In: *International Organization*, Nr. 54/3, 2000; Bernhard Zangl/Michael Zürn, *Verrechtlichung jenseits des Staates – Zwischen Hegemonie und Globalisierung*. In: Dies., (Hrsg.), *Verrechtlichung – Baustein von Global Governance?* Bonn: Dietz 2004; Stefan Oeter, *Verkoppelung von Recht und Politik im europäischen Verfassungsdenken*. In: Claudio Franzius/Franz Mayer/Jürgen Neyer (Hrsg.), *Strukturfragen der Europäischen Union*. Baden-Baden: Nomos 2010.

14 James M. Buchanan, *Constitutional Economics*. In: John Eatwell u.a. (Hrsg.), *The World of Economics*. London: Palgrave Macmillan 1991.

15 Shahid Javed Burki/Guillermo Perry, *Beyond the Washington Consensus. Institutions Matter*. Washington: World Bank Publications 1998; Julio Faundez, *Rule of law or Washington Consensus: The Evolution of the World Bank's Approach to Legal and Judicial Reform*. In: Amanda Perry-Kesaris (Hrsg.), *Law in the Pursuit of Development*. London: Routledge 2010.

16 Poul F. Kjaer, *From the Crisis of Corporatism to the Crisis of Governance*. In: Ders./Niklas Olsen (Hrsg.), *Critical Theories of Crisis in Europe. From Weimar to the Euro*. London: Rowman & Littlefield 2016.

17 Rainer Forst, *Das Recht auf Rechtfertigung. Elemente einer konstruktivistischen Theorie der Gerechtigkeit*. Frankfurt: Suhrkamp 2007.

18 Zu den Exzessen dieser gesellschaftlichen Entwicklung vgl. Caroline Amlinger/Oliver Nachtwey, *Gekränkte Freiheit. Aspekte des libertären Autoritarismus*. Berlin: Suhrkamp 2022.

19 Zum Bedeutungsgewinn von Individualrechten im Völkerrecht vgl. Anne Peters, *Jenseits der Menschenrechte. Die Rechtsstellung des Individuums im Völkerrecht*. Tübingen: Mohr Siebeck 2014.

Die erste Gegenstrategie ist die in Deutschland besonders verbreitete konservativ-euroskeptische Position – eine Position, aus der heraus die AfD gegründet wurde, die insofern alles andere als eine Anti-Rechtsstaatspartei ist. Es fällt schwer zu glauben, dass es diesen Zirkeln, repräsentiert etwa durch Lucke oder Gauland mit seinen vom Milliardär und Euroskeptiker Finck finanzierten Prozessen gegen die Krisenmaßnahmen, um elektorale Demokratie im Manow'schen Sinne geht. Zu offen gegenmajoritär ist der Versuch, die nationale Demokratie durch Begrenzung ihrer internationalen Öffnung vor sich selbst zu schützen. Im Zweiten Senat des Bundesverfassungsgerichts mit seiner von Paul Kirchhof geprägten Maastricht-Rechtsprechung stießen die Vertreter dieser Gegenstrategie damit auf offene Ohren.[20]

Die hinter dem Schutz der mittlerweile »Verfassungsidentität« genannten Integrationsbremse versteckten Interessen dienen nicht selten den Kapitalbesitzern, die eine Aufweichung der Hartwährung durch die Geldpolitik der EZB oder die Fiskalpolitik der Mitgliedstaaten befürchten. (Die Autonomie der Entscheidung über die betriebliche Mitbestimmung als eines der europarechtlich am stärksten bedrohten Institute des deutschen Rechts oder die Arbeitsmarktpolitik haben es dagegen komischerweise nie in den Dunstkreis der Verfassungsidentität geschafft.)

Dieselbe Stoßrichtung verfolgt das gerade in der deutschen Rechtswissenschaft populäre Unterfangen, die notorisch ambivalenten Kompetenzgrenzen so scharf zu stellen, dass sich damit ein auf mitgliedstaatlicher wie europäischer Ebene mit teilweise überragender Mehrheit beschlossenes Ausgabenprogramm wie NextGenerationEU zu Fall bringen lässt.[21] Man sollte diese Position – die sich maßgeblich auf das Demokratieprinzip stützt – daher keinesfalls heroisieren.

Auch wenn der ostinate Ruf nach Vertragsänderung, der einem gefühlt aus jedem zweiten »kritischen« deutschen Juristentext zur europäischen Integration entgegenschallt, sich demokratisch anhört, dient er angesichts des unwägbaren, hochkomplexen, heterogenen und damit demokratisch zweifelhaften Verfahrens der Vertragsänderung vor allem dem gegenmajoritären Zweck der Verhinderung europäischer Integrationsprogramme.[22]

20 BVerfGE 89, 155. Bereits in diesem Urteil stand die Einhegung der Europäischen Institutionen durch eine Stabilitätsunion und die gegenmajoritäre Institution der Europäischen Zentralbank im Vordergrund, vgl. insbesondere Rn. 148 des Urteils. Kritik bei Andreas Kulick / Johann Justus Vasel, *Das konservative Gericht*. Tübingen: Mohr Siebeck 2021.

21 Erfolglos jedoch angesichts BVerfGE 164, 193 – NextGenEU (Eigenmittelbeschluss-Ratifizierungsgesetz). Vgl. Päivi Leino-Sandberg / Matthias Ruffert, *Next Generation EU and its constitutional ramifications: A critical assessment*. In: *Common Market Law Review*, Nr. 59/2, 2022; verfassungstheoretische Kritik dagegen bei Vestert Borger, *The Currency of Solidarity. Constitutional Transformation During the Euro Crisis*. Cambridge University Press 2020.

22 Zur Tendenz des BVerfG, das Parlament vor sich selbst zu retten, vgl. Florian Meinel, *Das Bundesverfassungsgericht in der Ära der Großen Koalition: Zur Rechtsprechung seit dem Lissabon-Urteil*. In: *Der Staat*, Nr. 60/1, 2021; kritisch zur Forderung nach Vertragsänderung Matthias Goldmann, *Langfristige Bindungen. Zum Urteil des BVerfG vom*

Dass Karlsruhes Erster Senat die Verfassungsidentität im Haftbefehl-Beschluss zu emanzipatorischen Zielen ausspielte,[23] steht dem vorgehenden Befund nicht im Weg – mit Emanzipation oder Demokratie hat die »Weaponisierung« von Recht und Verfassung im Kontext der europäischen Integration herzlich wenig zu tun.

Die zweite Gegenstrategie ist eine emanzipatorische. Sie ist eng verknüpft mit dem von Manow rezipierten Aufstieg der Menschenrechte zur »last utopia« gegen Ende der 1970er Jahre. Menschenrechte sind nämlich nicht lediglich eine latent imperialistische Handhabe zur weltweiten Durchsetzung westlicher Interessen und Lebensentwürfe. Wenngleich Teilen des Menschenrechtsdiskurses ein solcher Zug durchaus anhaftet,[24] dient er zugleich einem antiimperialistischen Impuls, der die Verrechtlichung globaler Wirtschaftsbeziehungen herausfordert. So wurden als Reaktion auf den Washington Consensus seit den 1990er Jahren die

Forderungen an die internationalen Finanzinstitutionen laut, bei ihrer Ressourcenallokation und ihrer Austeritätspolitik die Menschenrechte zu berücksichtigen.[25]

Um die Jahrtausendwende griffen die vielfältigen Ansätze zur Konstitutionalisierung des Völkerrechts diesen Impuls in verallgemeinerter Form auf, um der Globalisierung Grenzen zu setzen.[26] Der Europäische Gerichtshof und auch das Bundesverfassungsgericht wurden im Gefolge dieses Trends zu wichtigen Akteuren beim Abschluss von Handels- und Investitionsschutzverfahren. Auch die mittlerweile durch Lieferkettengesetze wirkmächtig gewordene Forderung an multilaterale Unternehmen, die Menschenrechte zu respektieren, fügt sich in diese Linie ein.[27] Der Europäische Gerichtshof leistet ferner emanzipatorischen Anliegen vor allem im Bereich des Datenschutzes Schützenhilfe, wo sich das europäische Recht relativ erfolgreich gegen die wirtschaftliche

---

6.12.2022 – *NextGenEU* – *2 BvR 547/21 und 2 BvR 798/21*. In: *NVw*, Nr. 42, 2023. Vergleichbare Kritik am Begriff der verfassungsgebenden Gewalt bei Sergio Verdugo, *Is it time to abandon the theory of constituent power?* In: *International Journal of Constitutional Law*, Nr. 21/1, 2023.

23 BVerfGE 141, 1 – Haftbefehl, Beschluss vom 15. Dezember 2015.

24 Vgl. Jan Eckel, *Human Rights and Decolonization: New Perspectives and Open Questions.* In: *Humanity*, Nr. 1/1, 2010; Joseph R. Slaughter, *Hijacking Human Rights: Neoliberalism, the New Historiography, and the End of the Third World.* In: *Human Rights Quarterly*, Nr. 40/4, 2018; Makau wa Mutua, *The Ideology of Human Rights.* In: *Virginia Journal of International Law*, Nr. 36, 1996; Philipp Sarasin, *1977. Eine kurze Geschichte der Gegenwart.* Berlin: Suhrkamp 2021.

25 Matthias Goldmann, *Contesting Austerity: Genealogies of Human Rights Discourse.* Max Planck Institute for Comparative Public Law & International Law (MPIL) Research Paper 2020.

26 Vgl. Benedict Kingsbury/Nico Krisch/Richard Stewart, *The Emergence of Global Administrative Law.* In: *Law and Contemporary Problems*, Nr. 68/3, 2005; Armin von Bogdandy/Philipp Dann/Matthias Goldmann, *Developing the Publicness of Public International Law: Towards a Legal Framework for Global Governance Activities.* In: *German Law Journal*, Nr. 9/11, 2008.

27 Aufschlussreicher deutsch-amerikanischer Diskursvergleich jüngst bei Richard Dören, *Business and Human Rights in den USA und in Deutschland: Ein Vergleich der völkerrechtswissenschaftlichen Diskurse.* Baden-Baden: Nomos 2024.

Übermacht vor allem US-amerikanischer Digitalunternehmen behauptet.

Rechtsstaatlichkeit und Menschenrechte dienten seit den 1990er Jahren also einer Vielzahl von unterschiedlichen Funktionen, die das ganze Unterfangen höchst ambivalent erscheinen lassen. Darin kommt ein gesamtgesellschaftlicher Trend zum Ausdruck; Gerichte ersetzen gewissermaßen die intermediären Institutionen der Industriegesellschaft. Deshalb ist die Stoßrichtung der Tendenz zur Verrechtlichung auch diffus. Dies zeigt sich wohl nirgends so sehr wie beim Internationalen Strafgerichtshof. Um die Jahrtausendwende von den Demokratien der dritten Welle begrüßt als Versicherung gegen den Rückfall in Diktatur und Bürgerkrieg, enthüllte die Position der USA, die für sich Sonderrechte beanspruchten, bald die imperialistischen Untertöne des Unterfangens. Nunmehr jedoch, in Zeiten des Ukraine- und Gazakriegs, ist er zur Projektionsfläche für antiimperialistische Vorstellungen einer überstaatlichen Friedensordnung geworden.

V.

Das Bild einer einheitlichen Konstitutionalisierungs- oder Rechtsstaatstendenz nach 1990 fällt damit zusammen. Zwar verschob sich das Verhältnis von Politik zu Recht um diesen Zeitpunkt herum zugunsten des Letzteren. Doch dahinter steht ein gesamtgesellschaftlicher Trend, der viele Akteure, soziale Bewegungen, Institutionen und Prozesse umfasst, mit jeweils unterschiedlichen, zum Teil konträren Zielvorstellungen. Den »judicial turn« als Selbstermächtigung einer wie auch immer gearteten Elite zu brandmar-

ken, geht daher allenfalls den Verlautbarungen von Orban und Co. auf den Leim; mit dem historischen Befund hat es wenig zu tun.

Damit ist auch klar, dass mit einer Dekonstitutionalisierung, einer Rückverschiebung der Trennlinie zwischen Recht und Politik, in Richtung auf die Politik nicht viel gewonnen ist. Oder mit anderen Worten: Wenn man die illiberalen Demokraten die Rechtsstaatlichkeitszuwächse seit 1990 niederbrennen lässt, wird aus der Asche nicht der Phönix einer vermeintlich gloriosen Nachkriegszeit mit politisch weitgehend konfliktscheuer Justiz auferstehen. Es ist ohnehin zu erwarten, dass die Demontage der Rechtsstaatlichkeit asymmetrisch erfolgt.

Man kann dies an den rechtsautoritären Bewegungen in Europa ablesen, denen die Rechtsstaatlichkeit gut genug ist, um europäische Solidarität abzuwehren, sich aber bitte nicht in das mitgliedstaatliche Wahlrecht einmischen oder gar die Rechte von Frauen, LGBTQI-Menschen, People of Colour oder Migrantinnen verteidigen soll. Oder in den USA, wo die trumpistische Verfassungstheorie bereits unter dem Label des »common good constitutionalism« firmiert.[28] Die Vereinigten Staaten verteidigen das aus der Geschichte der Nation (nicht, wie die Originalisten, aus dem Verfassungstext) geschöpfte Recht aufs Waffentragen, auf die staatliche Kontrolle des weiblichen Körpers oder der Exekutive auf rechtlich unbegrenztes und im wahrsten Sinne unverantwortliches Durchregieren. Auch Unterdrü-

---

28 Adrian Vermeule, *Common Good Constitutionalism*. Cambridge: Polity Press 2022.

ckungssysteme wollen rechtsstaatlich organisiert und gesichert werden.

Manow ist zu konzedieren, dass die Abgrenzung zwischen liberaler und illiberaler Demokratie nicht nur historisch kontingent ist, sondern in der derzeitigen Orientierungslosigkeit auch höchst widersprüchlich erfolgt. Genüsslich zerlegt Manow die illiberalen Reflexe der Verteidiger der liberalen Demokratie, allen voran der Europäischen Union und ihres wissenschaftlichen Kommentariats. Damit geht jedoch die Gefahr einher, Geschichte weitgehend flach zu denken und den Begriff der Demokratie zum beliebigen Etikett verkommen zu lassen, das sich alle anstecken können, soweit sie nur so etwas wie Wahlen organisiert bekommen. Ein genauerer Blick auf die Variationen der Rechtsstaatlichkeit, die mit den Veränderungen des demokratischen Systems jeweils einhergehen, erlaubt eine qualitative Unterscheidung zwischen liberaler und illiberaler Demokratie und zeigt, wie sehr Rassismus und Intoleranz den Markenkern der Letzteren prägen. Der Unterschied ist vor allem für all diejenigen von Belang, die keine heteronormativen, christlich geprägten (alten) weißen Männer sind.[29]

29 Disclaimer: Der Verfasser ist selbst ein privilegierter, heteronormativer, christlicher Weißer deutlich jenseits des vierzigsten Lebensjahrs.

MARGINALIEN

Spielmeister
Die Dalli-Dalli-Sendung vom 6. Juli 1972

Von Albert Kamps

»Die Wahrheit reißt wie ein verrückter Gärtner Krausköpfe aus und lässt sie liegen.«
Thomas Bernhard, *Frost*

Am 19. Oktober 1942 fuhr vom Güterbahnhof Moabit in Berlin ein Transport mit 959 Menschen nach Riga in Lettland. Die Mehrzahl der Insassen des Sonderzuges wurde sofort nach der Ankunft in die umliegenden Wälder gebracht und erschossen. Unter den Ermordeten befanden sich 140 Kinder, darunter auch Gert Rosenthal (geb. 26. Juli 1932), der als Vollwaise in einem Jüdischen Kinderheim gewohnt hatte. Gert war der jüngere Bruder des später als Entertainer bekannt gewordenen Hans Rosenthal. Der siebzehnjährige Hans tauchte unter und lebte bis zum Kriegsende versteckt in einer Laubenkolonie.[1]

0:00–6:45
Das Studio ist verdunkelt. Alle Spots gehen an, und Rosenthal kommt aus einer Tür in der Deko auf die Bühne. Brauner Anzug, gelbes Hemd, gelb-braune Krawatte. Begrüßung, »München, Grüß Gott«. Buntes Publikum auf Metalltribünen.

1 Dieser Text entstammt dem Flyer der Deutschen Bahn zu der Wanderausstellung »Sonderzüge in den Tod. Die Deportationen der Deutschen Reichsbahn« (2008–2018).

Rosenthal zeigt eine Postkarte, die er aus dem St. Josef Hospital in Olsberg bekommen haben will. Sechs Schwangere sollen dort angeblich während der letzten Sendung gleichzeitig entbunden haben.
Vorstellung der Jury. Die »charmante österreichische Schnellrechnerin Brigitte Xander« und Mady Riehl. Oberschiedsrichter Ekkehard Fritsch trägt grauen Anzug, schwarzes Hemd, weiße Krawatte, schwarzes Einstecktuch und Siegelring. Rosenthal liest eine weitere Postkarte vor. »Sehr geehrter Herr Spielmeister«, schreibt ein Fan, und bittet um eine Freikarte für die nächste Show. Rosenthal kommentiert und beantwortet die Anfrage nicht.
Erste Spielrunde. »Melodie« gegen »Medaille.« Waben-Deko schimmert pastellrosa. Team »Melodie« sind die Opernsänger Renate Holm und Heinz Hoppe. A-Prominenz. Holm trägt rote Hose, schwarze Bluse und gewaltigen Silberschmuck. Hoppe, Münsterländer von mächtiger Statur, einen grauen Anzug.
Erste Fragerunde. Was hat alles mit Wetterbericht zu tun? Holm sagt: »Wechselnde Winde aus Ost.«

Ostfrontkämpfer Heinz Hoppe kehrte 1948 aus der Gefangenschaft in Sibirien zurück. Die beiden gehörten zum erlauchten Bardenkreis der »Kammersänger«, ein staatlich verliehener Ehrentitel, mit Urkunde, Zeremonie und allem Pipapo. Rosenthal betont, Renate Holm habe eine erstaunliche Gesangskarriere gemacht: »Von der Schlagersängerin zur Opernsängerin. Ist das so einfach gewesen?«

»Es hört sich vielleicht einfacher an, als es war«, antwortet sie, und dann, fast ein bisschen traurig: »Is nicht so einfach gewesen.«

Der Erste Weltkrieg ist gerade mal einen Monat alt, als sich die 2. Armee unter dem Kommando des Generalfeldmarschalls Karl von Bülow Anfang September 1914 Paris nähert. Lille ist erobert, Cambrai, Arras, Amiens und Reims. Nur die Marne trennt die deutschen Truppen noch von Paris. Von Bülow verliert aber den Kontakt zu seinem Kollegen von Kuck, dem Befehlshaber der 1. Armee. Es entsteht eine vierzig Kilometer große Lücke in ihrem Verbund, die von Bülow nach Norden zu schließen versucht, statt, wie vorgesehen, Paris zu umfassen und von Westen aus anzugreifen. So manche behaupten, Karl von Bülow habe damit den Schlieffen-Plan versemmelt. Die erschöpften französischen Truppen gewinnen Zeit zur Regeneration und siegen in der folgenden Schlacht an der Marne. Die deutschen Streitkräfte ziehen sich bis zur Aisne zurück. Die große Chance, Paris einzunehmen und damit womöglich früh den Ersten Weltkrieg vorzuentscheiden, ist vertan. Die Westfront erstarrt im Stellungskrieg und friert ein.

Am 26. Mai 1915, ein gutes halbes Jahr nach der Niederlage an der Marne, besteigt Karl von Bülows neunundzwanzigjähriger Sohn Busso, Oberleutnant der Feldfliegerabteilung 12, in Soissons an der Aisne ein Flugzeug und bricht zu einem Erkundungsflug über die feindlichen Stellungen auf. Die Maschine stürzt ab. Der Junggeselle Busso von Bülow kommt dabei ums Leben. Er hinterlässt in Berlin eine bürgerliche Tochter, die Karl von Bülow und sein adeliger Clan nicht anerkennen werden. Es ist die Mutter Renate Holms. Diese hatte in ihrer Kindheit unter dem autoritären Regiment nicht viel zu lachen, denn die Mutter taumelt emotional zwischen Verbitterung und dem Stolz, eine Marschallsenkelin zu sein, hin und her.

Originalton Renate Holm von 2002, da ist die Mutter längst tot: »Bis ich einundzwanzig Jahre alt war, hat es Backpfeifen gegeben. Ich habe auch lange danach immer noch gezuckt, wenn meine Mutter an mir vorbeiging. Sie hat mich mit dreiundzwanzig Jahren noch gefragt, warum ich immer so zucke, wenn sie an mir vorbeigeht. Ich dachte halt immer noch, dass ich wieder eine verpasst bekomme. Ich habe einmal bei Tisch bei der Suppe ein wenig geschlürft: Peng, hatte ich hinten wieder einen Rumser drinnen.«

8:00

Erste Spielrunde. »Urlaubszeit«. Auf die Bühne wird ein bemaltes Planschbecken aus Sperrholz geschoben, das einen See darstellen soll. In dem Becken ist nicht mal Wasser. Es liegen dort nur loser Schrott und wenige platte Metallfische auf dem Trockenen. Die Opernstars müssen nun, angefeuert von Rosenthal, mit Ruten, an denen ein Magnet hängt, über eine Pappmauer hinweg in dem See herumangeln. Erwischen sie einen alten Topfdeckel oder eine verbeulte Milchkanne, gibt es einen Punkt. Einer der platten Metallfische bringt zwei Punkte. »Da war ja allerhand drin in unserem See!«, freut sich Rosenthal während er das Altmetall zählt.

Eine der wenigen Erinnerungen, die ich an meinen früh verstorbenen Vater habe, ist, wie er mich an einem hellen Sommersonntag nach dem Mittagessen und dem verheißungsvollen Versprechen, heute habe er »die Spendierhosen« an, zur Pfarrkirmes St. Dreikönigen in Köln-Bickendorf mitnahm. Dort gab es ein ähnliches Angelspiel, aber es gab wenigstens Holzfische und Wasser im Teich.

Renate Holm und ihre Mutter werden nach Ragow evakuiert, die Mutter pachtet dort einen kleinen Acker, sie baut Gemüse und Kartoffeln an, das sie auf einem kleinen Karren verkauft. Die Tochter singt im Schulchor und träumt davon, Sängerin zu werden. Die Mutter und die Kunden am Gemüsestand im Spreewald sind ihr erstes Publikum. 1949, zurück in Berlin, arbeitet die Mutter weiter als Gemüseverkäuferin im Tal der Trümmerberge, nimmt die Zukunftsplanung der Tochter in die Hand und verschafft ihr eine Lehrstelle als Zahnarzthelferin. Von ihrem Gehalt bezahlt Renate Holm Gesangsstunden, die die Mutter nie hätte finanzieren können, und tritt nebenbei in verrauchten Nachtlokalen wie dem Janecker Dachgarten auf. Von der stressigen Doppelbelastung bekommt die Achtzehnjährige eine Gallenblasenentzündung, die sie »ihr Leben lang nicht mehr loswird«. Die Mutter meldet sie bei einem Gesangswettbewerb des von der amerikanischen Besatzungsmacht im Westsektor installierten Radiosenders RIAS an. Renate Holm gewinnt.

Renate Holm hieß ursprünglich Renate Franke. Als sie in einer Radiosendung mit der Kollegin Renée Frank verwechselt wird, greift die Mutter erbost zum Telefon, fordert eine Richtigstellung, wirft einen kurzen Blick ins Telefonbuch und beschließt, die Tochter in Renate Holm

umzutaufen. Unter diesem Namen startet diese eine Karriere als Schlagersängerin und Filmschauspielerin. Sie wird in Deutschland berühmt als »das Fräulein vom Amt«. (Das Drehbuch zum gleichnamigen Film von 1954 stammte vom Dalli-Dalli-Chefautor Curt Flatow.)

Eines Tages, die Tochter ist schon sehr gut im Geschäft, man nennt sie bereits »die Nachtigall von Berlin«, brettern die beiden mit dem Auto in elf Stunden nonstop nach Wien. Dort singt Renate an der Volksoper vor und wird prompt engagiert. Zwei Jahre später nimmt sie Herbert von Karajan an der Staatsoper unter Vertrag. Sie gastiert, immer mit der Mutter im Gepäck, an allen großen Opernbühnen Europas. Nun preist man sie »die Lerche von Wien«. Sie errichtet sich als zweiten Wohnsitz ein ländliches Domizil und verwandelt es in einen kleinen Zoo, den auch Maria Callas besucht.

Erst nach dem Tod der Mutter erkennt oder bekennt Renate Holm: »Ich habe mein Leben lang gehorcht. Die Regisseure haben mich geliebt. Ich habe nie widersprochen, war immer devot und habe immer zweihundert Prozent meine Pflicht erfüllt. Mit Freiheit kann ich nicht umgehen, da meine Mutter immer alles entschieden hat, und genießen kann ich bis heute nicht. Das habe ich einfach nicht gelernt.«

Renate Holm blieb kinderlos. Eine Ehe scheiterte nach sieben Jahren. In ihrem Testament bestimmte sie den Wiener Tierschutzverein zum Haupterben. Nach ihrem Tod 2022 versteigerte dieser ihre »Verlassenschaft«, so der Fachbegriff, online.

19:37
Assistentin Monika Sundermann trägt wieder ein grünes Minikleid und hohe weiße Schuhe. Alles top. Sie hat jetzt ein eigenes kleines Tischchen neben den Kandidaten-Cockpits, macht sich Notizen und sortiert brav Karteikarten.

Nach einer schlimmen Gesangsnummer des »Pfeifenrauchers des Jahres« Günther Schramm über die Gefahr, auf Auslandsreisen Opfer eines Verbrechens zu werden, sicherer sei es in Deutschland zu bleiben und auf dem Balkon Geranien zu ziehen, sitzt Rosenthal mitten in der Band. Alle ganz in Schwarz. Er sagt, sie seien eine große Familie.

Zweite Runde, »Komik« gegen »Kochtopf«, und endlich erscheinen, nach der SS (Fritz Schulz-Reichel) und der Wehrmacht (Dr. Kurt Jeschko) in Folge 10, die Alliierten auf der Bühne: Chris Howland (England) und Bill Ramsey (USA).

»Und wenn es wirklich so ist, dass Lachen gesund macht, dann wollen wir uns heute alle Mühe geben«, begrüßt sie Rosenthal. Die beiden sind dann auch einigermaßen lustig.

Als Amerikaner, Briten und Sowjets von allen Seiten auf deutschem Boden Richtung Berlin vorrücken, werden sie von Kameraleuten begleitet, die das Fortschreiten der Alliierten dokumentieren sollen. Im Frühling 1945 gelangen britische Truppen in das Dorf Belsen im Landkreis Lüneburg. Idyllisch fügt sich der Ort in umliegende Obstgärten und Weideland. Aber die Soldaten folgen dem Gestank, den sie dort wahrnehmen, und gelangen in das Konzentrationslager Bergen-Belsen. In Bergen-Belsen starben die Häftlinge nicht im Gas, sondern durch Fleck-

fieber und Hunger. Das Krematorium ist zu klein, um die Toten zu verbrennen. Ein britischer Augenzeuge schildert die Szenerie inmitten der 30 000 Leichen, die ihnen »wie Puppen« erschienen, als irreale Endzeitstimmung.[2] Es sei unmöglich gewesen, das Gesehene mit dem eigenen Leben zu verbinden. Überlebende fallen den Soldaten vor die Füße und küssen ihre Hände. »Eine andere Welt.«

Es ergeht der Befehl, diese anderen Welten in Bergen-Belsen zwei Wochen lang filmisch genau zu dokumentieren und die Bilder als Beweismittel nach London ins Informationsministerium zu schicken. Das Material zeigt auch, wie die herbeigeschafften Bürgermeister der Dörfer der Umgebung nach dem Abladen der Leichen von Lkw bei deren Beerdigung in Massengräbern zusehen müssen. Die Bürgermeister sind völlig erstarrt, wirken abwesend und teilnahmslos.

Im Londoner Informationsministerium befürchtet man, dass die Mehrzahl der Deutschen die unfassbaren Verbrechen abstreiten werden, und plant eine Konfrontation der deutschen Bevölkerung mit dem Beweismaterial. Die sowjetische Armee nähert sich unterdessen dem eingeschneiten Auschwitz in weißen Tarnanzügen auf Skiern. Auch die weißen Rotarmisten erscheinen den Todgeweihten als »Engel vom Himmel«.

Die Bilder, die die Sowjets in Auschwitz und Majdanek filmen, senden sie zum Verbündeten nach London. Die Siegermächte sind sich mittlerweile einig, dass die Welt von dem unfassbaren Zivilisati-

2 *Night will Fall – Hitchcocks Lehrfilm für die Deutschen.* Dokumentarfilm von André Singer, 2014.

onsbruch erfahren muss. Auch das Material der Amerikaner aus Buchenwald und Dachau soll dafür genutzt werden. Erste Fotos und Berichte aus den Lagern sind weltweit veröffentlicht worden und lösen Aufmerksamkeit und Entsetzen aus. In London und Washington beschließt man ein Dokumentarfilmprojekt mit dem Titel »Tatsachenbericht über die deutschen Konzentrationslager«. Die besten Cutter der Zeit werden engagiert, Alfred Hitchcock eilt aus Hollywood herbei, um als beratender Regisseur des Films »seinen Kriegsbeitrag« zu leisten, der auch als Lehrfilm zur Umerziehung der Deutschen konzipiert wird. Deshalb schneidet Hitchcock Landkarten in das Grauen, um das gigantische Lagernetzwerk in Deutschland aufzudecken und zu zeigen, wie nah die Orte der Verbrechen an den Bevölkerungszentren liegen, die wirtschaftlich von ihnen profitierten.

Nach London und Washington gelangen Berichte über die wie ziellose Nomaden durch zertrümmerte Städte geisternde deutsche Bevölkerung, als sich vor dem Hintergrund einer veränderten Weltordnung ein allgemeiner Paradigmenwechsel anbahnt.

Der sich zuspitzende Konflikt zwischen den USA und der Sowjetunion führt zu einer Wende der amerikanischen Politik. Man beginnt, die Deutschen zu umwerben, weil man sie im kommenden Kalten Krieg als Bollwerk gegen die UdSSR braucht. Das britische Außenministerium schreibt an die Kollegen vom Informationsministerium: »Die Strategie in Deutschland zielt mittlerweile darauf, die Deutschen aus ihrer Apathie zu befreien, sie zu ermutigen, weswegen aus dem Umfeld des Oberbefehlshabers zu hören ist: Kein Gräuelfilm.«

Im September 1945 wird der Filmschnitt abgebrochen, und Hitchcock fährt zurück nach Hollywood. Der amerikanische Morgenthau-Plan, der vorsah, Deutschland als Agrarstaat zu gestalten, der sich selbst versorgt, verwandelt sich in das gigantische industrielle Entwicklungshilfeprogramm des Marshallplans. Die Deutschen nehmen dankend an.

Der *Spiegel*-Gerichtsreporter Gerhard Mauz schrieb über die Majdanek- und Auschwitz-Prozesse: »Diese Schlachthöfe haben einzelne errichtet und betrieben. Aber sie konnten nur aus dem Wahnsinn eines ganzen Volkes heraus handeln [...] Schon 1950 kam es zu ersten Begnadigungen von Deutschen, die von Gerichten der Alliierten verurteilt worden waren. Schwerstbelastete Funktionäre der NS-Gliederungen und Offiziere kamen in Freiheit, die Wiederbewaffnung wurde betrieben, ihr sollte jedes Hindernis aus dem Weg geräumt werden.«[3]

Anfang der sechziger Jahre verdrängt das Fernsehen das bisherige Leitmedium Radio, in dem auch Rosenthal, Howland und Ramsey ihre Karrieren in von Amerikanern und Briten kontrollierten Sendern begonnen hatten. In den Wohnzimmern werden die Sitzgruppen frontal vor die brandneuen Flimmerkisten umsortiert. Fernsehen bei Salzgebäck und Bier, Riesling und After Eight, oder Cola und Kaugummizigaretten, je nach Geschmack, Geschlecht und Generation, etabliert sich als familiäres Ritual.

---

3 Gerhard Mauz, *Die großen Prozesse der Bundesrepublik Deutschland*. Hrsg. v. Gisela Friedrichsen. Springe: zu Klampen 2005.

1:02:05
Ewig lange Gesangsnummer. Uwe Fried-
richsen, Harald Müller und Hanne Wie-
der. Thema: Bewegung im Urlaub. Es wird
laut, und es wird marschiert auf der Büh-
ne, auf die Rohrstahltribünen über das to-
bende Publikum hinweg und wieder zu-
rück. »*Links, zwei, drei, vier, als deutscher*
Bürger hat man viel zu wandern, unsere
Stiefelsohlen sollen sich nie erholen. Unser
Leben ist ne einzige Lauferei …«
Rosenthal fragt nach dem infernalischen
Gegröle, ob man in Österreich auch viel
zu wandern habe. Ein ORF-Redakteur
mit Trachtenhut fährt mit Bonanzarad
und Fähnchen auf die Bühne und sofort
wieder raus. Die Kombo spielt »*Ja, mir*
san mit'm Radl da«.

In welche Welt sich die einstigen Herren-
menschen und Abfallsammler hineinima-
giniert haben, bleibt bei der Betrachtung
solcher Szenen etwas schleierhaft, es soll
wohl eine möglichst alberne sein, egal ob
in ihr »zu viele Mörder frech und frei he-
rumlaufen« (Heinrich Böll).
    Wozu die berühmte Waben-Deko gut
passt. Die Deutschen sind ein Staat un-
schuldiger, lustiger, fleißiger Arbeitsbie-
nen, friedvoll eingebettet in eine atlanti-
sche Allianz. Wer sich unter einem ato-
maren Schutzschild fast zu Tode schuftet,
wird auch Quatsch machen dürfen unter der fordernden Anleitung des freund-
lichen Herrn Rosenthal und seiner drei
Schiedsrichter. Drei Schiedsrichter kennt
man sonst nur aus dem Spitzensport.
(Hans Rosenthal, dessen einzige Informa-
tions- und Unterhaltungsquelle in den
zwei Jahren im Laubenversteck ein Radio
war, verließ 1948 den sowjetisch kontrollierten Berliner Rundfunk, weil man ihm

aus ideologischen Gründen eine Hörspiel-
fassung der *Biene Maja* untersagte, denn
Maja dient einer Königin, und ging zur
amerikanischen Konkurrenz in den Westsektor.)
    1972: 120 Milliarden Zigaretten werden
pro Jahr geraucht. Die sechsfache Menge von 1950. Jeder Westdeutsche trinkt
zwölf Liter Alkohol pro Kopf, so viel wie
seit hundert Jahren nicht mehr. 1972, ich
begann gerade damit, über Kopfhörer
Märchenplatten vor der Schrankwand
zu hören, während die Großen Fernsehen schauten, war das Jahr, in dem mein
Vater starb. Wehrmacht, Westfront, Gefangenschaft, Vertreterjob, Heirat, Ge-
schäftsgründung, drei Kinder, Filialgrün-
dung, Hausbau, Herzinfarkt. Kurz vor
seinem Tod mit siebenundvierzig Jahren
schrieb er auf die erste Seite des Poesie-
albums meiner Schwester anlässlich ihrer
Erstkommunion: »Ohne Fleiß kein Preis!«
Der Mann ist mir zwar größtenteils unbe-
kannt geblieben, aber der Gedanke, dass
ich jetzt, da ich das schreibe, bereits neun
Jahre älter bin, als er werden konnte, be-
fremdet mich.

30:35
Spielrunde: »*Urlaubsspiel*«. *Unter Zeit-*
druck so viel wie möglich in einen Koffer
packen. Rosenthal muss den Koffer tra-
gen können, ohne dass etwas herausfällt.
Eine imaginäre Startlinie bezeichnet er
streng als »*unsere Startrampe*«, *als How-*
land diese vor dem Dalli-Dalli-Startsignal
übertritt und Rosenthal ihn zurückpfeift.
Howland und Ramsey drücken auf die
Tube. Rosenthal feuert sie an: »*So habe*
ich Packen noch nie erlebt.« *Sie schmei-*
ßen wie die Bekloppten Klamotten in den
Koffer und bekommen ihn dann nur mit

Ach und Krach zu. Rosenthal ist begeistert und ruft: »Das war kein Koffer packen, das war Plündern!«

Überflüssig zu erwähnen, dass Renate Holm die Sendung gewinnt. Bestimmt saß die Mutter im Publikum oder in der Kantine.

1:18:35 bis Ende
»Bei uns wird jetzt gerechnet.« 6203 Punkte / DM. Umgerechnet in Schilling: 43421.
Jürgen Bischoff, ein durch einen ärztlichen Kunstfehler schwerererkrankter Kunstturner bekommt das Geld. Rosenthal bedankt sich beim Publikum. »Sie sind wirklich gut mitgegangen.« Verabschiedung: »Alles Gute, Servus, Bye Bye.« Abspann.

In seinen Erinnerungen berichtet der Überlebende Tadeusz Szymański über Auschwitz: »Dalli, dalli!, von polnisch: Dalej, dalej – weiter, weiter, war in den Lagern gebraucht worden. Man weiß nicht, wem es seinerzeit eingefallen ist, dass ein Wegweiser geschnitzt und gegenüber dem Block 24 aufgestellt wurde. Der Wegweiser war schön und fachmännisch aus Eichenholz geschnitzt. An einem Pfeil war ein Brett, auf dem einige Figuren standen. In das Brett war in gotischer Schrift »Dalli-Dalli-Straße« tief eingeschnitzt.«[4]

4 Tadeusz Szymanski, *Verlier die Hoffnung nicht*. Frankfurt: Verlag Zeichen der Hoffnung 2002.

»Machen Sie, was Sie wollen, nur mit mir nicht«
Die Korrespondenz Rolf Dieter Brinkmanns mit dem Merkur

Von Michael Töteberg

Im seit kurzem im Deutschen Literaturarchiv Marbach liegenden Nachlass Rolf Dieter Brinkmanns findet man den *Merkur* vom Oktober 1969. Das Heft hatte Brinkmann an seinen Freund Ralf-Rainer Rygulla geschickt, dabei das Titelblatt mit Kommentaren verziert. Rygulla müsse unbedingt den Essay *Surrealismus und Terror* von Karl Heinz Bohrer lesen, außerdem stand hinten im Heft eine Rezension ihrer *Acid*-Anthologie. Doch darum ging es Brinkmann nicht. »Wir müssen unbedingt etwas gegen Undergroundfestlegung machen! Ich habe Klett & Paeschke Verfahren angedroht!« Er forderte 1000 Mark – für drei Gedichte, die er nicht geschrieben, sondern nur übersetzt hatte. Die Überschrift im Heft, und allein das schon erboste ihn, lautete »Dreimal Underground« (und nicht, wie von Brinkmann gewünscht, »Neue amerikanische Lyrik«).

Um zu demonstrieren, wie ernst es ihm war, informierte Brinkmann per Einschreiben auch den Ernst Klett Verlag. Die Auseinandersetzung eskalierte, an Verbalinjurien Brinkmanns fehlte es nicht, wobei der Merkur-Herausgeber Hans Paeschke durchaus zu parieren wusste: »Gottseidank, Herr Brinkmann, weiß ich von gemeinsamen Bekannten genug darüber, daß es zu Ihrem Wohlbefinden gehört, andere Leute zu beleidigen. Ich wünsche Ih-

nen nur, daß Sie dabei nicht einmal an jemand geraten, der keinen Humor versteht. Mit Ihren jungen New Yorker Lyrikern haben Sie in dieser Hinsicht Glück.« Das war keineswegs der erste Konflikt zwischen Autor und Herausgeber und auch nicht das Ende der Beziehung.

Die Redaktionskorrespondenz des *Merkur* befindet sich ebenfalls in Marbach, wo man die ganze Geschichte nachlesen kann. Brinkmann hatte auf einem Autorentreffen in der Eifel Anfang Juni 1964 Wolfgang von Einsiedel kennengelernt, seitdem war er in Kontakt mit der Redaktion, schickte immer wieder Texte. Was man beim *Merkur* davon hielt, ist handschriftlichen Anmerkungen auf den Briefen zu entnehmen: »Eine etwas juvenile Talentprobe, die nicht recht tragfähig scheint. Immerhin.« »Wieder, wie die früheren Geschichten, begabt, aber leider eintönig bis zur Langweiligkeit. Nouveau roman à la manière de province Allemande.«

Dieter Wellershoff, Brinkmanns Lektor bei Kiepenheuer & Witsch, schaltete sich ein. Hans Paeschke sagte zu, als »experimentelle Prosa« etwas im *Merkur* zu bringen, hatte aber Schwierigkeiten mit den vorliegenden Texten. »Weil Sie hier die Ihnen vorschwebende Methode totaler Vergegenständlichung so weit treiben, daß mir nicht nur als Leser, daß momentweise auch der Sprache der Atem auszugehen droht«, erklärte er Brinkmann. Alternativen wurden überlegt, Texte ausgetauscht, dann wollte man nicht einen bloßen Vorabdruck aus einem demnächst erscheinenden Buch, also doch wieder den schon zurückgesandten Text …

Nach monatelangem Hin und Her platzte Brinkmann der Kragen. »Es sind inzwischen ein Dutzend Briefe geschrieben worden, Telefongespräche mit dem Verlag, Briefe aus dem Verlag an Sie, Arbeit, Arbeit, also ob man nur für den MERKUR arbeiten könnte! Gerade gegenüber einem jungen Schriftsteller finde ich ein solches Verhalten ausgesprochen gemein! Vier oder fünf Texte haben Sie inzwischen erhalten! Eine eigene Akte müssen Sie ja inzwischen aus unserem ›Kontakt‹ angelegt haben!« »Unverschämtheit«, »Zynismus«, Brinkmann war in Rage und wurde beleidigend. Paeschke beklagte sich bei Wellershoff über dessen Autor, der wiederum Brinkmann zur Ordnung rief. Der entschuldigte sich bei Paeschke: »Es tut mir leid, daß mir da Zeilen einfach unter der Hand weggeglitten sind, die sicherlich nicht in der Art zutreffend sind, und wohl auch nicht nur in der Ausdrucksart, sondern auch sachlich.«

Die ganze Aufregung wäre nicht nötig gewesen. Die Briefe hatten sich gekreuzt. »So oder so: eine Sache machen wir bestimmt im *Merkur* und zwar im Juni-Heft«, hatte Paeschke versichert, nur hatte Brinkmann den Brief noch nicht bekommen. Die Erzählung *Nichts weiter* stand im *Merkur*, Heft 219, Juni 1966, und Brinkmann fragte an, ob auch literaturkritische Beiträge gewünscht seien. In den kommenden Monaten wird zwar immer wieder über das Thema eines möglichen Essays diskutiert – unter anderem wollte Brinkmann über Hans von Hentig schreiben, wobei er an dessen Untersuchung *Der Gangster* dachte, Paeschke aber an *Der jugendliche Vandalismus* –, doch dazu kam es nie.

Stattdessen druckte der *Merkur* immer wieder Brinkmann-Gedichte. Im August 1967 dachte Paeschke daran, Gedichte aus dem demnächst erscheinenden Band *Was fraglich ist wofür* ins Heft zu rücken, doch der Autor war damit nicht einverstanden. Das sei eine überflüssige Verdoppelung, außerdem: »Meines Erachtens ist die Unsitte des Vorabdrucks wie ein latentes Sichdrücken der verantwortlichen Zeitschriftenherausgeber vor einer Entscheidung, den veröffentl. Text zu rechtfertigen.« Die Entscheidung, ob es sich um einen lesenswerten Text handelt oder nicht, sei schon vorher von einem Verlag getroffen worden. Stattdessen sandte er neue Gedichte, allerdings wollte er, als alles bereits gesetzt war, welche austauschen und bei den anderen Änderungen vornehmen – er könne sich »nicht vorstellen, daß es auf die Viertelseite mehr Gedicht ankomme« könne, doch das erlaubte der Produktionsprozess der Zeitschrift nicht. Es war zu spät, nichts mehr zu machen. Das Prinzip »keine Vorabdrucke« führte dazu, dass in den *Merkur*-Heften 243 (Juli 1968) und 268 (August 1970) Gedichte stehen, die nirgendwo sonst, auch nicht in postumen Sammlungen, gedruckt wurden.

Keiner kannte sich so gut aus mit der neuesten, aus den USA und England nach Deutschland überschwappenden Underground-Literatur wie Brinkmann, der zusammen mit seinem Freund Rygulla die Anthologie *Acid* vorbereitete. Paeschke verpflichtete ihn im März 1968, einen Essay zum Thema für den *Merkur* zu schreiben. Er hatte noch einen Ratschlag: »Ich glaube, eine gehörige Portion freche Ironie täte der Behandlung des Stoffes gut. Henry Millers Pathos, von dem pädagogischen Ernst von D. H. Lawrence ganz abgesehen, liegt hinter uns.«

Knapp zwei Wochen später, Paeschke hatte inzwischen den Vorläuferband zu

E 4705 E

MERKUR

Deutsche Zeitschrift für europäisches Denken

Georg Picht, Theodor W. Adorno zum Gedächtnis

Hannah Arendt, Martin Heidegger zum 80. Geburtstag

Arnold Gehlen, Religion und Ethik

Karl Heinz Bohrer, Surrealismus und Terror

Werner Ross, Über Zimmerschlachten

Gore Vidal, Über Pornographie

Heinrich Vormweg
Pro Kopf und Jahr ein Taschenbuch

Heft 10, 23. Jahrgang, Oktober 1969
Ernst Klett Verlag Stuttgart

258

Acid in Händen, schickte er noch eine Erklärung hinterher. »Melzer schickte die ›Fuck you‹-Anthologie und reizt mich damit, zu unterstreichen, was ich in meinem letzten Brief zum Punkte Ironie sagte, nicht nur, weil man sowas doch nur im masturbatorischen Pubertätsalter wirklich ernstnehmen kann, ganz abgesehen davon, daß alle Institutionen von der Vorzeit bis heute, Kirche wie Staat, doch nichts heftiger wünschen, als daß kein Sperma daneben geht. Schon wegen der Soldaten und so. Und nebenbei unter uns gesagt, Venus und Mars sind die ältesten Verbündeten, lehrt die Mythe. Daran erinnerte ich neulich jemanden, der das make love not war zum Ei des Kolumbus erklärte. Pazifiziert wird diese Ehe bekanntlich durch die Romantik mit ihrer Einheit von Liebe und Tod und dem Schwert *zwischen* Tristan und Isolde statt in der Scheide. Doch dies nur nebenbei, und Grüße ohne Penis-Neid, Ihr Hans Paeschke«.

»Lieber Herr Paeschke, hier erhalten Sie also Ihren exklusiv-Aufsatz über die neue amerikanische Lyrik.« Ein halbes Jahr war seit der ersten Ankündigung vergangen; Brinkmann hatte Paeschke immer wieder vertröstet, bis dieser am 23. Juni 1968 den Essay erhielt. »Nun ist er sehr lang geworden, 60 Seiten. Die zwei Fortsetzungen sind unumgänglich geworden, schade. Aber: um da eventuellen Vorschlägen zuvorzukommen: Kürzungen können nun nicht in dem vorgenommen werden, auf keinen Fall. Da alles sehr eilt und ich mitten in den Redigierungsarbeiten von der großen Anthologie (Sie werden staunen, wenn Sie das Ding erhalten!) für Melzer zum Herbst bin, kann ich mich nun nicht mehr lange damit aufhalten.« Brinkmann wollte einen definitiven

Bescheid und zwar schnell, »weil andere Interessenten noch da sind«. Und natürlich bitte einen Vorschuss.

Paeschke war in Frankreich und ließ sich demonstrativ Zeit. Er antwortete erst am 8. August. Der Umfang war ein Problem – den Text über drei Hefte verteilen? Auch würde er den Text gerne Helmut Heißenbüttel vom Süddeutschen Rundfunk zeigen; nach dessen Antwort würde sich der Drucktermin im *Merkur* richten. Wieder gingen zwei Monate ins Land. Heißenbüttel interessierten Frank O'Hara und die »voraussetzungslos eruptiven fuck-Apologeten« dagegen weniger. Der Essay, an dem es nichts zu kürzen oder zu straffen gebe, wäre am Besten in einem Buch aufgehoben, fand Paeschke. »Damit uns dieser Butterberg nicht erdrückt und wir uns wenigstens ein paar schöne Stullen damit schmieren, schlage ich Ihnen folgendes vor: der Merkur bringt ein paar der in dem Aufsatz von Ihnen übersetzten Gedichte.«

Dass dies Brinkmann nicht schmeckte, ist nachvollziehbar, doch erklärte er sich damit einverstanden, wählte acht Gedichte aus und schrieb eine kleine Einführung. Dazu ein Comic von Joe Brainard über eine ganze Seite. »Er gehört unbedingt mit zu der Gruppe, die ich vorstelle. Es dürfte Ihnen somit nicht allzu schwer fallen, einmal das Konzept des *Merkur* zu durchbrechen. Meinen Sie nicht auch, man sollte gelegentlich eine Zeitschrift erweitern?« Nun, es ging schon aus technischen Gründen nicht.

»Sollten Sie die Auswahl nicht haben wollen mit der Einleitung, ohne ein Komma zu ändern, dann sehe ich mich nicht mehr in der Lage, für Ihren *Merkur* was zu machen.« Doch vorschreiben lassen, welche Gedichte er ins Heft nimmt, wollte sich Paeschke nicht. »Sie haben alle Vollmacht, in den von Ihnen herausgegebenen Anthologien der jungen amerikanischen Lyrik die Auswahl zu bestimmen. Wenn ich als Herausgeber des *Merkur* ein paar Beispiele präsentieren möchte, dann müssen Sie mir schon zugestehen, daß ich auswähle, was mir am besten gefällt.« Darüber diskutieren wollte Brinkmann nicht: »Sie besitzen eine unwahrscheinliche Frechheit, anderen Leuten die Zeit und Aufmerksamkeit zu stehlen. Machen Sie, was Sie wollen, nur mit mir nicht.« Er wünsche keine Publikation im *Merkur* mehr.

Daran hielt sich Paeschke nicht. Er brachte im *Merkur*-Heft 258 drei Gedichte von Charles Bukowski, Harold Norse und Robert Sward – von Brinkmann übersetzt, aber von ihm nicht in die *Acid*-Anthologie aufgenommen. Dass er dies ohne dessen Einwilligung tat und damit bewusst das Urheberrecht verletzte, dazu fühlte er sich berechtigt, weil Brinkmann in *März Texte 1* aus einem Brief von Paeschke ohne dessen Einwilligung zitiert hatte …

Seiner Antwort auf Brinkmanns Brandbrief schicke Paeschke eine Erinnerung voraus. »Vor drei Wochen, bei unserem Messe-Gespräch auf dem Hanser-Abend, erklärten Sie mir spontan in größerem Kreis, der *Merkur* sei die beste Zeitschrift, wenn sie nur etwas schneller wäre beim Drucken unserer Sachen. Und auf meine

Erklärung: gerade bringe ich etwas von Ihren Amerikanern und ein Honorar an Sie ist schon unterwegs, nahmen Sie mich unter den Arm wie einen Freund. Eine schöne Geste von jemandem, für den der *Merkur* mit Veröffentlichungen und guten Besprechungen seit seiner Frühzeit doch allerlei getan hat, nicht wahr?«

Um es kurz zu machen: Brinkmann bekam keine 1000 Mark, sondern 200 für sich und 200 Mark, die er unter den Autoren aufteilen sollte. Und die Forderung, ihm im Dezember-Heft Platz für eine dreiseitige Erklärung zum Thema Underground zur Verfügung zu stellen, wollte Paeschke gern erfüllen, nur lieferte Brinkmann nie diesen Text. Er wollte nichts mehr mit Underground und Pop zu tun haben und war in dieser Abkehr genauso radikal und vehement, wie er sich zuvor dafür starkgemacht hatte.

Brinkmann zog sich konsequent aus dem Literaturbetrieb zurück, veröffentlichte jahrelang nichts mehr. Im April 1973 meldete Brinkmann sich aus Rom, wo er Villa-Massimo-Stipendiat war, bei Paeschke, doch die Übersendung des Hörspiels *Besuch in einer sterbenden Stadt* scheiterte an den italienischen Postverhältnissen. Daraufhin schickte Brinkmann eine Auswahl neuer, noch nicht gedruckter Gedichte. Paeschke antwortete am 20. Dezember 1974, er hatte sich für zwei Gedichte entschieden: *Nach Chuck Berry* und *Brief aus London*. Zur Publikation kam es nicht mehr.

Skizzen einer Stadt im Krieg

Von Alla Melenteva

Schutzmodus

Den ganzen Frühling und Sommer hindurch wurde Kyiv fortwährend beschossen, in der Nacht, und manchmal auch am Tag. Die Luftabwehr, die Drohnen und Raketen vom Himmel holte, ließ mich nicht schlafen; aus irgendeinem Grund wachte ich immer wieder auf, kurz bevor ein Patriot-System, in der Nähe verborgen, auf seine Ziele zu schießen begann. Davor, nicht danach, weiß der Teufel warum.

»Ich habe euch alle und eure beschissenen Krieg so was von satt«, sagte ich (das ist, scheint mir, eine ganz normale Reaktion eines aufgeklärten Mitglieds einer fortschrittlichen Gesellschaft bei solchen Gelegenheiten) und legte mich wieder schlafen, wenn ich denn konnte. Und wenn nicht, scrollte ich durch die nächtliche Nachrichtendosis auf meinem Handy, um die Zeit vergehen zu lassen.

An einem Morgen im Juni starben drei Menschen, darunter ein Kind, andere wurden durch die Trümmer einer russischen Rakete verletzt, nachdem sie aus einem Schutzraum ausgesperrt worden waren. Ein Security-Mann in der Nachtschicht hatte sich geweigert, die Tür aufzumachen, weil irgendein Boss ihm befohlen hatte, sie geschlossen zu halten. Es kam zu einem großen Skandal. Zahlreiche Beobachterkommissionen, zusammengesetzt aus allen möglichen Sorten von Inspektoren und Experten, darunter auch lokale

Aktivisten und aufmerksamkeitssüchtige Social-Media-Influencer, schwärmten aus, um die Schutzräume der Stadt zu inspizieren. Die Behörden öffneten eilig alle Keller und Tiefgaragen, was natürlich ein wahres Fest für die Obdachlosen der Stadt war. Einmal fand ein »Volksinspektor« einen »Schutzkunden« dieser Art in einem dieser Räume.

»Hey, was machst du hier?«, fragte der »Inspektor« den »Kunden« mit einer gewissen Strenge. Der sah ihn vorwurfsvoll an, atmete ihm Alkohol ins Gesicht und meinte bitter: »Ich rette mein Leben.«

»Kann ich verstehen, Mann, kann ich verstehen«, meinte der Inspektor unerwartet milde, der Befehlston war aus seiner Stimme verschwunden.

Ein Kind des Krieges

Ich sah sie in einem Supermarkt in Kyiv: eine Rentnerin, dick und noch jung wirkend, die mit ihren billigen Lebensmitteln an der Kasse neben mir stand; dazu ihr kleiner fuchsartiger weißer Hund, angespannt, die Augen seltsam verzweifelt, im Kindersitz des Einkaufswagens von einer Pfote auf die andere tretend.

»Was für ein süßer Hund«, sagte ein alter Mann – es gibt ja immer jemanden, der so etwas sagt.

Der Hund blickte ihn ängstlich an und wedelte höflich einmal mit dem Schwanz. Die Rentnerin hatte nichts gegen einen kleinen Schwatz.

»Sie ist ein Kind des Krieges«, sagte sie. »Ich habe sie adoptiert. Ihre vorigen Besitzer haben sie bei der Flucht zurückgelassen. Ich bin jetzt ihre Familie.«

Da verstand ich den dramatisch verzweifelten Ausdruck in den Augen der

Hündin: Sie hatte Angst, wieder im öffentlichen Raum zurückgelassen zu werden.

Hinter den Kassen stopfte die Hundebesitzerin ihre Lebensmittel in eine große Tasche, der Hund immer noch unruhig im Kindersitz.

Nachdem sie alles verpackt hatte, sprach die Frau liebevoll mit dem Tier, im Ton einfacher Herzlichkeit, so wie dicke großmütterliche Frauen gerne mit Kindern und Haustieren sprechen: »Jetzt geht es nach Hause, mein Liebling, mein Schatz, mein süßes Mädchen!«

Kaum zu glauben, wie glücklich das Kind des Krieges war, diese Worte zu hören. Ekstatisches Schwanzwedeln, der ganze Körper bebte vor Glück.

It is annoying

Man bekommt, ehrlich gesagt, schlechte Laune, wenn man in seiner Wohnung in Kyiv still an seinem Rechner sitzt, einen einmaligen Knall der Luftabwehr in der Ferne gehört hat, aber es ist alles in Ordnung, man hat nicht einmal aufgesehen, nur, vielleicht, die Ohren ein wenig in Richtung der Quelle gespitzt, aber man bleibt auf die Arbeit konzentriert, alles ist gleich wieder still – dann aber poppt eine Telegram-Nachricht auf: »Eine Gruppe von Cruise Missiles hat ihre Richtung geändert und ist im Anflug auf Kyiv.« Ich weiß nicht, wie es den anderen geht, aber mich ärgert es jedes Mal.

Zeit der Dunkelheit

Manche sagen, die Musen schweigen in Zeiten des Krieges. Das dürfen Sie nicht glauben. Sie sind vielmehr das, was in harten Zeiten am meisten hilft. Während der ersten Tage der Belagerung von Kyiv haben Jazz-Kanäle auf Youtube geholfen, den Verstand zu bewahren. Cozy Library Lounge Ambiance mit Smooth Jazz oder Background Jazz Music on Sunny Veranda, solche Sachen.

In einer belagerten und, schlimmer noch, verlassenen Stadt auszuharren, in der nicht einmal die Polizei erreichbar ist (ich habe es versucht), ist eine ziemlich unheimliche Erfahrung. Wenn es dunkel wurde, überfielen mich unkontrollierbare Ängste, die im Lauf der Nacht nur weiter wuchsen. Die Dunkelheit war überwältigend, sie herrschte in meiner kleinen Erdgeschosswohnung, legte Schleier über die Umrisse der leeren Nachbarhäuser, die ich undeutlich in einem geisterhaft schwachen Lichtschein erkennen konnte. Er kam aus einer Seitengasse, in der militärische Beleuchtung installiert worden war. Es war ein Blackout angeordnet worden, aber selbst wenn nicht, hätte ich es trotzdem nicht gewagt, das Licht anzulassen – wer konnte wissen, welche ungebetenen Gäste ein erleuchtetes Fenster einladen würde.

Ich bin während der Belagerung kein einziges Mal in einen Schutzraum gegangen. Meine verletzte Wirbelsäule versperrte mir diese Möglichkeit. Ich vermeide statische Haltungen, ich kann nicht lange am Stück sitzen oder stehen. Der einzige mir bekannte Schutzraum in der Nähe war eine U-Bahn-Station, etwa fünfzehn Minuten zu Fuß von meiner Wohnung, aber nach allem, was ich in den Nachrichten sah, war er, wie alle anderen Stationen auch, bis zum Bersten gefüllt. Mehr als eine halbe Stunde hätte ich es in dieser Menge nicht ausgehalten. Meine Wirbelsäule schmerzte schon, wenn ich nur daran dachte, mir eine solche Tortur zuzumuten. Sollte ich mir einen Hocker mitnehmen?

Ich war im Besitz zweier Hocker, die ich von der Cousine meiner Mutter geerbt hatte, zusammen mit anderen kargen, billigen Möbeln im Sowjetstil, die sie im Lauf ihres Lebens angesammelt hatte. Sie waren rissig, der weiße Lack gesprungen, aber es waren beides gute Hocker, solide gebaut, robust, ich verwendete sie vor allem, wenn ich eine Birne wechseln musste oder etwas aus einem oberen Regal holen. Ich hatte den starken Verdacht, dass sie schon die letzte Invasion überlebt hatten. Die Cousine meiner Mutter hatte als Kind die deutsche Besatzung Kyivs erlebt, und jetzt war ich an der Reihe, in einem neuen Krieg am selben Ort. Aber sie waren zu groß, zu schwer, diese Hocker. Ich stellte mir vor, wie ich den Hocker während des Luftalarms durch die dunklen Straßen schleppte, bis zur U-Bahn-Station – das war eine Aufgabe, die über meine Kräfte ging, hieß also: kein Schutzraum für mich.

Ich erinnere mich, dass ich im dunklen Zimmer saß wie eine Maus in ihrem Loch – das Fenster mit Decken verhängt, der Computerbildschirm in einer großen Kartonschachtel verborgen, so dass die Seiten das Licht in alle Richtungen außer direkt nach vorne abschirmten. Ich arbeitete am Rechner, Jazz kam im Hintergrund aus den Lautsprechern, und nach einer Weile war die Bedrohung durch Raketen und Einbrecher mehr oder weniger vergessen, die Angst abgeflaut, nur gelegentlich schreckte ich hoch mit dem Gedanken: »Oh, Moment mal, wir sind im Krieg, ich muss wachsam bleiben!«

Hin und wieder ging ich zum Fenster und blickte hinaus, stand da für ein oder zwei Minuten, umarmte den Moment der Dunkelheit, das Gefühl des Verlassenseins, des Abgeschnittenseins von den anderen. Dann ging ich zurück an den Rechner.

Ich blickte auf die Bilder und Slideshows, die zu den Jazz-Tracks liefen, Bilder aus allen möglichen friedlichen Umgebungen bürgerlicher Gemütlichkeit – ich sagte mir mit einem nicht ganz zu tilgenden Unglauben, dass irgendwo in der unendlichen Weite der Welt tatsächlich noch sichere und beschauliche Orte wie diese existierten, wo Feuer im Kamin prasselten, Blätter vor dem Fenster leise raschelten, glückliche Menschen Kaffee tranken, sich anlächelten, über Kunst und Kino diskutierten, Menschen, denen es gut ging. Aber ich war nicht dort, ach, warum war ich solch eine Loserin, in einem solchen Desaster zu enden? Ich beneidete diese Menschen an ihren friedvollen Orten.

Es war demütigend, mit dem Überleben beschäftigt zu sein – einfach nur dem Überleben –, wenn man sich die riesige Weite der menschlichen Lebensmöglichkeiten vergegenwärtigte. Darüber nachzudenken, einen Hocker zum Schutzraum zu schleppen, war ebenfalls demütigend. In einem dunklen Raum zu sitzen, auf Raketenangriffe und Schlachtgeräusche zu warten, war nicht nur demütigend, sondern sehr beängstigend. Und doch: Ich fand etwas Beruhigendes in dem Gedanken, dass es irgendwo noch Frieden gab. Die Orte der Zivilisation sollten erhalten bleiben, dachte ich. Schließlich sind diese gemütlichen Bibliotheken und Cafés mit ihrem Jazz alles, was uns die Welt bieten kann. Wenn sie verschwinden, wird uns die Dunkelheit und werden uns endlose Kriege verschlucken.

Plötzlich, wie durch Magie, erschien das Icon einer Gratis-App auf dem Bildschirm. Eine Nachricht wie aus dem Nirgendwo verhieß, dass weit von hier, an diesen sicheren Orten, wo Jazz in gemütlichen Cafés läuft, die Leute von unserem Krieg wussten. Wir fühlen mit Ihnen, schrieben sie, wir wollen in dieser schwierigen Zeit Unterstützung bieten – nämlich Ihnen das kostenlose Ein-Jahres-Abo der Business-Version unserer App anbieten. Klicken Sie einfach auf den Download-Button.

Ich beobachtete fasziniert, wie die Business-Version – definitiv außerhalb meiner finanziellen Möglichkeiten – eifrig herunterlud. Das war natürlich kein lebensveränderndes Ereignis, aber doch mehr als nur ein kleines Gratis-Angebot – so etwas wie die Gewähr, dass die Orte der Zivilisation noch standen und dass sie mit unserem gescheiterten Teil der Welt in Verbindung waren. Noch in Verbindung – diese Erkenntnis war tatsächlich beruhigend.

Die Business-Version räumte zwei Jahre lang meinen Computer auf. Die Abo-Dauer wurde nach ihrem Ablauf um ein Jahr gratis verlängert, es gab nicht einmal eine Nachricht deswegen, als wäre das der ganz normale Lauf der Geschäfte.

Syr

»Er ist wirklich sehr gut. Eigentlich 50 Hrywjnas, aber sagen wir 45«, meinte eine Babuschka, die mir jenes rätselhafte, für die meisten Ausländer unbegreifliche Produkt verkaufte, das auf Ukrainisch »Syr« heißt, auf Russisch »Tvorog«, während die Ratgeber empfehlen, es als

»selbstgemachter Käse« oder »Hüttenkäse« zu übersetzen.

»Ich verkaufe ihn günstig, weil es das letzte Stück ist«, sagte sie.

Am Ende des Tages übriggebliebene Lebensmittel sind günstiger, und genau deshalb war ich hier – oder am Lukianivskyi-Markt – eine halbe Stunde vor Verkaufsschluss, der Reste wegen. All meine Einkommensquellen waren wegen des Kriegs über Nacht versiegt. Nach zwei Monaten des Rückzugs in meine nach Norden gehende Wohnung, zurückgeworfen auf eine Kriegsdiät mit leeren Kalorien, hatte ich eine Anämie entwickelt, nicht die Sorte, die dem Gesicht eine romantische Blässe verleiht, sondern eine, die mich buchstäblich umwarf und den ganzen Tag schlafen ließ. Mein Körper verlangte verzweifelt nach frischer, natürlicher, wirklicher Nahrung; ich brauchte diesen Syr unbedingt, und ich brauchte ihn so billig wie möglich.

Aber als die alte Frau ihn einpackte, änderte sie ihre Meinung. »Nein, ich verlange doch 50 Hrywjnas. Er ist wirklich gut, das sage ich Ihnen!« Und dann fügte sie hinzu: »Es ist der erste Tag, an dem wir wieder hier sind.«

Diese Bemerkung war ein Tribut an die Tradition der Kyiver Märkte und Basare. Es gehört zum guten Ton unter den Verkäufern, als Bonus zum Kauf ein wenig Smalltalk dazuzugeben. Es ist ein Code, den sie möglicherweise seit der Gründung der Stadt wertschätzen und kultivieren, und sie lieben es, wenn man sich mit ein paar Worten beteiligt, um den Austausch zu entspannen, sozusagen als eigener Beitrag zum Handel, und sie sind begeistert, wenn man es schafft, etwas Schlaues oder Lustiges oder Nettes zu sagen.

»Es ist der erste Tag, an dem wir wieder hier sind« bedeutete: Es war das erste Mal seit dem Abzug der russischen Truppen, dass sie und andere Verkäufer wieder arbeiteten. Es war der April 2022, und von da, wo wir waren, direkt gegenüber von den Marktpavillons, konnten wir die ausgebrannten Fenster der Artyom-Waffenfabrik sehen, die von einer russischen Rakete getroffen worden war. Vor dem Abendhimmel zeichneten sich die Betontrümmer ab, die aus dem halb zusammengestürzten Obergeschoss ragten.

Ich hätte Lust gehabt, ihr zu sagen: »Sie sind so gierig, es würde mich nicht wundern, wenn Sie während der ganzen Belagerungszeit hier gewesen wären, um Geld mitten im Bombenhagel zu verdienen«, aber ich hielt mich zurück. Meine fast völlige Unfähigkeit zum Feilschen stammt aus dem sowjetischen Teil meines Lebens, in dem die Preise jahrzehntelang vom Staat festgesetzt worden waren.

Ich zahlte, was sie verlangte, nahm den Behälter mit dem wertvollen Syr und schleppte mich davon (Anämie, Anämie). Und doch hatte ich das Gefühl, dass wir uns in mancher Hinsicht ähnelten, verbunden durch eine geteilte Erfahrung, das Ende der Belagerung. Alle Bewohner Kyivs teilten dieses Gefühl damals in aller Stille, die Luft war angefüllt mit der stillen Freude des Überlebthabens, einer Aura des vorsichtig temperierten Jubels darüber, dass die Gefahr vorüber war, dass wir alle überlebt hatten, zumindest fürs Erste, und alle, die so empfanden, fühlten sich dadurch zugleich mit der Geschichte verbunden, da dies offenbar die Empfindung der Überlebenden nach jeder Belagerung Kyivs war – aller fünfzehn, die zwischen 898 und 2022 stattgefunden haben, wie die Wikipedia weiß.

Aus dem Englischen
von Ekkehard Knörer

Imaginationen für die Straße

Von Jan Wetzel

Als Elon Musk den Cybertruck zum ersten Mal der Öffentlichkeit vorstellte, konnte man die Sache noch für einen weiteren Stunt des exzentrischen Milliardärs halten. Gewählt hatte man für die Präsentation dasselbe Jahr, denselben Monat und denselben Ort, in dem der Film *Blade Runner* (1984) spielte: Los Angeles im November 2019. Und wie aus einem Science-Fiction-Film sah auch das vorgestellte Fahrzeug aus. Die ungewöhnliche Form, ihre scharfen Kanten, die Hülle aus unlackiertem Edelstahl gaben ihm eine skulpturale Qualität: kompromisslos, polarisierend, brutal. Die Zukunft, wie man sie sich einmal in den 1980er Jahren vorgestellt hatte, sie sollte nun auf die Straße kommen.

Ende 2023, gut vier Jahre später, sind die ersten Exemplare des neuesten Tesla-Modells tatsächlich ausgeliefert worden. Anders als sonst üblich ist die Gestalt des *show car* von damals erhalten geblieben. Eine wilde, retrofuturistische Imagination hat es auf die Straße geschafft.

Der Nutzen der Imagination

In den Augen vieler seiner Kritiker ist der Cybertruck lediglich eine Fantasie für ältere Männer mit zu viel Geld. Doch es steckt mehr dahinter. Jens Beckert hat in seinen wirtschaftssoziologischen Untersuchungen analysiert, welche Rolle Imaginationen dabei spielen, wenn es darum geht, wirtschaftliche Akteure in unsicheren, sich stetig verändernden Marktumfeldern handlungsfähig zu machen. Kalkulativ rationalisierende Praktiken der Vorhersage von Marktentwicklungen sind zwar notwendig, aber selten hinreichend, um Entscheidungen zu treffen. Vorstellungen davon, wie die Welt morgen aussehen könnte, schließen – neben anderen sozialen Mechanismen – diese Lücke: Produzenten wie Konsumenten machen sie die Zukunft verfügbar und helfen, neue Bedürfnisse zu entwickeln, ohne die kapitalistisches Wachstum unmöglich wäre.[1]

Nicht erst seit dem Cybertruck, sondern seit Anbeginn seiner Firmengeschichte trägt dieser Mechanismus Tesla mit. Die Erfolgsgeschichte des Autoherstellers ist unwahrscheinlich, denn das Unternehmen bewegt sich in einem konservativen Markt. Autos sind die größte und damit sorgfältig abgewogene Konsumausgabe vieler Haushalte. Nicht nur die automobile Technik selbst, sondern auch ihr Gebrauch wird gesetzlich streng reguliert – mit dem Ziel, Unfallrisiken zu senken. Hohe Ansprüche aller Seiten machen die Entwicklung kompliziert und teuer. Die etablierte Autoindustrie west-licher Länder hat deswegen lange an einer Technik festgehalten: dem Verbrenner.

Dieser strukturelle Konservatismus war Teslas Chance für den Markteintritt. Die Leistung Musks, der die Führung des Unternehmens als CEO im Jahr 2008 übernommen hatte, lag dabei weniger im Technischen – auch wenn der Milliardär gerade das nur zu gern für sich in Anspruch nimmt. Wichtiger war, dass er erfolgreich um Kapital warb, das sich gegen die etablierten Automobilkonzerne stemmen wollte. Letztere hatten die Elektrifizierung des Antriebs in den vergangenen Jahrzehnten zwar immer wieder erforscht und sogar bis zur Marktreife getrieben, aber letztlich immer wieder gecancelt. Ein bekannter, zum Skandal gewordener Fall vom Ende der 1990er Jahre war etwa die erste A-Klasse von Mercedes. Ursprünglich mit elektrischem Antrieb geplant, war man im letzten Moment auf den klassischen Verbrenner umgeschwenkt. Das machte den Wagen – nun ohne schweren Akku im Boden – so instabil, dass er in Kurven umkippte.

Imagination des grünen Kapitalismus

Nicht nur der Kapitalmarkt war Tesla als einem Unternehmen wohlgesonnen, das mit der Antriebswende endlich Ernst machen wollte. Auch die wirtschaftlichen Rahmenbedingungen spielten dem Unternehmen in die Hände. Eine wichtige Einnahmequelle etwa waren, gerade zu Anfang, *regulatory credits*, die US-amerikanische Staaten eingeführt hatten, um Autohersteller zu ermuntern, ihre Flotte zu elektrifizieren. Tesla erhielt diese *credits* im Gegensatz zu anderen Herstellern für seine gesamte Flotte und verkaufte

1 Jens Beckert, *Imaginierte Zukunft. Fiktionale Erwartungen und die Dynamik des Kapitalismus*. Berlin: Suhrkamp 2018.

diese an Hersteller, die ihren Verpflichtungen nicht selbst nachkamen.

Hinzu kam und kommt politische Unterstützung beim Fabrikbau, die sich nicht nur als Maßnahme zur Schaffung von Arbeitsplätzen, sondern auch symbolisch als Reindustrialisierung westlicher Staaten verkaufen lässt. In Deutschland verzichtet Tesla zwar bislang auf Fördergelder in Milliardenhöhe, da die Erfüllung der mit ihnen verbundenen Bedingungen nach Aussage Musks zu »lästig« sei. Gleichwohl wäre die kurze Bauzeit der deutschen Fabrik von etwas mehr als zwei Jahren ohne eine wohlwollende Verwaltung und Protektion durch die höchsten politischen Ebenen kaum möglich gewesen.

Schließlich sind Förderungen auch beim Kauf wichtig. Sie gelten zwar unabhängig vom Hersteller. Tesla aber machte über Jahre das beste Angebot. Für Kunden, die im Premiumsegment elektrisch fahren wollten, war die Marke gar die einzige Wahl. Im reichen Norwegen, wo vier von fünf neu zugelassenen Fahrzeugen heute einen rein elektrischen Antrieb haben, ist Tesla mit großem Abstand Marktführer. Der Hersteller wurde führend im Bereich von Akkutechnik und Ladeinfrastruktur und trieb damit, wie von der Politik erwünscht, den Markt an. Die nervösen Berichte aus den Entwicklungsbüros der Automobilkonzerne, nach denen man nun alles daransetzen musste, zu Tesla aufzuschließen, sind bekannt.

Musk lieferte Investoren und Politik als Technologieführer aber nicht nur die technische Darstellung elektrischer Individualmobilität, sondern auch eine Imagination des grünen Kapitalismus: den Traum von einer emissionsfreien Zukunft, die nicht auf Verzicht, sondern auf dem glatten Gegenteil beruhte, auf Autos, die schöner, schneller und aufregender sein würden als jemals zuvor. Der für Tesla typische Kickdown, der die Insassen beim Beschleunigen in die Sitze drückt, war dabei ebenso körperliche Erfahrung wie Symbol technischer Überlegenheit.

Damit schaffte Musk auch auf Kundenseite etwas Merkwürdiges, aber für den Wandel der Industrie Wichtiges: einen neuen Träger grüner Transformation anzusprechen. Nicht mehr industrieskeptische Hippies, sondern überwiegend wohlhabende Männer im gehobenen Alter ohne jeden Anschein von linkem Klimaradikalismus konnten durch Konsum zur Spitze der Bewegung werden. Den Wechsel dieser Gruppe von großen, schweren, spritfressenden Luxusautos zu großen, schweren, elektrisch betriebenen Luxusautos mag man als Beitrag zum Klimaschutz belächeln oder kritisieren: Für den Imagewechsel der Technologie war er wichtig. Diese Leistung ist inzwischen ein wenig in Vergessenheit geraten, angesichts der langen Kette von Musks PR-Skandalen: von seiner aberwitzigen Übernahme von Twitter bis hin zu zahlreichen anstößigen Äußerungen in der Öffentlichkeit.

Rituale der Verzauberung

Die Imagination des grünen Hightech-Kapitalismus produzierte sich nicht von selbst, sondern bedurfte vieler Rituale und verdichteter Kommunikation, die das Auto »verzauberten«. Tesla ging es da nicht anders als anderen Premiumherstellern, deren Produkte symbolischer Werte bedürfen. Dank des ungewöhnlichen Angebots konnte man auch bei der Image-Bildung ungewöhnliche Wege gehen.

Zahlreiche Foren, Videokanäle, Shops, Magazine und Buchpublikationen um die Marke zeugen davon. Untrennbar vermischten sich der Erwerb praktischen Wissens, das man zum alltäglichen Betrieb des Exoten brauchte, mit dem Gefühl, einer besonderen Gruppe von Konsumenten anzugehören. Am eindrücklichsten verkörpern das die Tesla-Vereine, die das Unternehmen ab 2016 mit dem »Tesla Owners Program« auch offiziell anerkannte. Seither sind Hunderte Klubs und Vereine in Dutzenden Ländern mit Hunderttausenden Mitgliedern in das Programm aufgenommen worden.

Die Vergemeinschaftung von Produzent und Konsumenten schuf dabei nicht zuletzt ein wohlmeinendes Verhältnis zu den Mängeln und Unzulänglichkeiten der Fahrzeuge. Gerade in den Anfangsjahren war der elektrische Antrieb nicht nur an sich ungewöhnlich, sondern schon durch das mangelhafte Netz an Ladestationen unpraktisch und unzuverlässig. Darüber trug der besondere Charakter der Konsumentengemeinschaft hinweg. Wer Tesla fuhr, konnte sich als Teil einer moralischen Avantgarde imaginieren, die qua Besitz und Gebrauch des Hightech-Fahrzeugs einen kleinen Teil zur Rettung der Welt beitrug. Was für neutrale Konsumenten einen Grund darstellte, einen Tesla gerade nicht zu kaufen, war für Teslaianer Anlass, Unmut oder Verbesserungsvorschläge durch privilegierte Kanäle an den Hersteller zurückzumelden. Solche auf innerer Verbundenheit ruhende Kooperation musste also gerade nicht konfliktfrei oder verblendet sein, um langfristig zu halten.[2]

Ein Vorteil solcher affektiven Bindungen nicht zuletzt aus der Sicht Musks dürfte dabei auch die Entmachtung klassischer Akteure gewesen sein. Sein verschwörungstheoretisch durchsetzter Hass auf die etablierten Medien ist bekannt. 2020 machte er Schlagzeilen damit, die gesamte PR-Abteilung von Tesla gefeuert zu haben. Dies wiederholte sich bei der Twitter-Übernahme 2022. Zwar wurde Ersatz eingestellt, ganz auf professionelle Kommunikatoren können beide Unternehmen kaum verzichten. Die Haltung zur Presse aber ist distanziert. Einen privilegierten Zugang zum Unternehmen erhalten Journalisten nicht. Sie bleiben abhängig von einer undurchsichtigen Kommunikation und den erratischen, oft widersprüchlichen und überzogenen Äußerungen Musks.

Wachstum und Entwertung

Seit der Auslieferung der ersten massenproduzierten Teslas im Jahr 2012 hat sich in der Industrie viel getan. Fast alle Hersteller planen einen Ausstieg aus der Verbrennertechnologie im Lauf der 2030er Jahre. Milliarden werden in den elektrischen Antrieb investiert. Chinesische Hersteller sind konkurrenzfähig geworden und drängen aggressiv auf die westlichen Märkte. Auch wenn hierzulande manche diese Entwicklung grüner Ideologie zuschreiben, von »Technologieoffenheit« sprechen und dem Verbrenner politische Gnadenfristen zu verschaffen versuchen, hat der Weltmarkt längst entschieden.

Burr, *Building Community, Legitimating Consumption: Creating the U.S. Bicycle Market, 1876–1884.* In: *Socio-Economic Review*, Nr. 4/3, September 2006.

2   Für den strukturell analogen Fall in der Frühgeschichte des Fahrrads vgl. Thomas

Tesla wird für die Beschleunigung der grünen Transformation der Automobilindustrie in die Wirtschaftsgeschichte eingehen. Das Mainstreaming des elektrischen Antriebs ist auch deshalb wichtig, weil Tesla als erzkapitalistisches Unternehmen nichts weniger als Weltmarktführer werden will. Die Marktkapitalisierung – höher als jene von Volkswagen, Mercedes-Benz und BMW zusammengenommen – verdankt sich dieser Wachstumserwartung. Fieberhaft versucht das Unternehmen, in jedem Quartal neue Spitzenzahlen zu erreichen. Das Unternehmen wird zum Global Player mit großen Fabriken nicht mehr nur in der US-amerikanischen Heimat, sondern inzwischen auch in Shanghai und Grünheide bei Berlin, wo 2022 die ersten Autos ausgeliefert wurden.

Ein kaum zu vermeidender Nebeneffekt ist, dass die Marke damit allmählich den Status automobiler Avantgarde verliert. Die Absatzsteigerung durch günstigere, gewöhnlichere Einstiegsmodelle ist erfolgreich; weltweit gehörten diese in den vergangenen Jahren zu den erfolgreichsten Modellen überhaupt. Das macht es für Tesla allerdings zunehmend schwieriger, den Nimbus von einst aufrechtzuerhalten. Dies wiederum erleichtert den Markteintritt für chinesische Marken, die symbolische Werte (noch) nicht beanspruchen können und deswegen entschieden den alternativen Weg des Preiskampfs gehen.

All das spielt sich in einer Phase der Ernüchterung ab. Der Weltmarkt erweist sich, in den letzten zehn Jahren von unternehmerischer Imagination, Risikokapital und staatlicher Förderung beflügelt, als noch konservativer als erwartet. Der Verkehrssektor hinkt bei der Senkung der CO_2-Emissionen hinterher. Der Marktanteil vollelektrischer Autos bleibt überschaubar. Hierzulande kam im November 2023 die Haushaltssperre hinzu, die ein abruptes Ende der Förderung für E-Autos bedeutete. Um den Absatzrückgang aufzufangen, senkten Hersteller die Preise zwar deutlich, was zu einer weiteren Marktbereinigung führen dürfte. Auch wenn Deutschland einen Extremfall darstellt: Die Nachfrage geht in fast allen westlichen Märkten zurück. Autohersteller weichen ihre Transformationsziele auf und verringern die Produktionskapazität.

Und auch Tesla strauchelt. Welche Rolle Musks zweifelhafte Twitter-Eskapaden dabei spielen mögen, ist Spekulation. Als gesichert darf hingegen gelten, dass die ausschließliche Konzentration auf den elektrischen Antrieb sich unter den derzeitigen Rahmenbedingungen auf einmal als riskant für das Unternehmen erweist. Zum ersten Mal in der Firmengeschichte – den Corona-Schock ausgenommen – sanken die Verkaufszahlen im letzten Quartal 2023. Zu Tausenden lagern die überproduzierten Neufahrzeuge, wie eine Recherche des *Spiegel* zeigte, auf abgelegenen Plätzen in der Brandenburger Provinz. Tesla reagierte mit der Ankündigung, etwa 10 Prozent seiner 140 000 Mitarbeiter zu entlassen.

Ein (un)wahrscheinliches Auto

In dieser Situation erscheint nun der Cybertruck auf dem Markt. Einerseits war ein Modell dieses Zuschnitts zu erwarten, weil Tesla als Massenhersteller früher oder später das auf dem heimischen Markt so wichtige Segment für – aus europäischer Sicht – überdimensionierte Pick-up-Trucks hätte bedienen müssen. Jedes fünfte in den Vereinigten Staaten neu zugelassene Auto ist heute, wie man dort kurz sagt, ein »truck«. In seiner Größe ist der Cybertruck deswegen zunächst ein klassisches, fast comic-haft US-amerikanisches Auto. Auch das Gewicht von über drei Tonnen, mit dem es in der europäischen Rechtsordnung in die Nähe eines Lkw rückt, ist in den Vereinigten Staaten für einen Pkw längst nicht mehr ungewöhnlich. Ironischerweise kommt die Antriebswende diesem Wachstum gelegen. Dank besserer Beschleunigung fühlt sich ein elektrisches Fahrzeug leichter an als ein Verbrenner.

Und doch ist es andererseits ein unwahrscheinliches Auto. Bei der Gestaltung neuer Modelle versuchen die Hersteller üblicherweise, sich an bereits eingeführten Typen zu orientieren – zu groß ist die Angst, potentielle Kunden mit einer ungewohnten Formensprache vor den Kopf zu stoßen. Was die Karosserie angeht, hat Tesla diese Marketing-Regel ignoriert und deren exzentrische Optik unbeeindruckt durchgesetzt. In der Produktpalette des Unternehmens wirkt der Wagen wie ein Fremdkörper.

Einmal mehr setzten Musk und sein Unternehmen auf die Kraft der Imagination, und einmal mehr waren sie damit erfolgreich. Die abgedrehte Gestalt des Wagens brachte Tesla im Lauf der Jahre Hunderttausende von Vorbestellungen ein. Selbst wenn die Produktionskapazitäten wie geplant hochgefahren werden können, wird sich die Auslieferung über Jahre hinziehen; viele Bestellungen dürften bis dahin wieder zurückgezogen oder auf Nachfolgemodelle übertragen wer-

den. Aber schon dass es überhaupt derart viele Vorbestellungen gab, obwohl der Cybertruck die längste Zeit über nicht viel mehr war als eine Handvoll Bilder, belegt die suggestive Kraft seines bewusst disruptiven Designs.

Wie begehrenswert der Cybertruck für viele Menschen ist, zeigt nicht zuletzt der Schwarzmarkt, auf dem die ersten ausgelieferten Exemplare für ein Vielfaches des Kaufpreises gehandelt werden. Schwarzmarkt deswegen, weil Tesla versucht, Kunden vom schnellen Weiterverkauf aktiv abzuhalten. Wer die Sperrfrist von einem Jahr nicht einhält, riskiert, auf einer unternehmensinternen schwarzen Liste zu landen und vom Kauf aller zukünftigen Modelle ausgeschlossen zu werden.

Teslas Marketing unterfüttert die imaginative *value proposition* zwar mit Hinweisen auf allerlei technische Innovationen, die belegen sollen, dass es sich nicht nur dem Äußeren, sondern auch den inneren Werten nach um ein revolutionäres Fahrzeug handelt. Dazu gehört die Umstellung der Fahrzeugelektronik auf 48 Volt sowie »Steer-by-Wire«, eine Technik, bei der die Lenkbefehle nicht mehr, wie bisher, mechanisch vom Lenkrad auf die Räder, sondern von einem Sensor erfasst und elektronisch übertragen werden. Wie beim elektrischen Antrieb waren diese Innovationen seit Jahrzehnten in der Industrie diskutiert und entwickelt, aber nie im großen Maßstab eingeführt worden – hier konnte Tesla seine Rolle als mutiger Technologieführer tatsächlich noch einmal beanspruchen.

Eine Form und ihre Kompromisse

Dass es aber doch primär die Form ist, die den Wert des Wagens ausmacht, zeigt sich an den vielen Kompromissen, die dafür technisch gemacht werden mussten. Der Luftwiderstand der kantigen Formen ist hoch. Trotz vieler Kniffe der Ingenieure liegt der Cybertruck in dieser Hinsicht im Vergleich mit Konkurrenten nur im Mittelfeld. Relativiert wurde damit die Linie der Vernunft, die heute insbesondere elektrisch getriebene Autos prägt: Effizienz- und Reichweiteeinbußen wurden in Kauf genommen.

Unklar ist insbesondere der Nutzen der charakteristischen Karosserieteile aus sehr steifen, gestanzten Edelstahlplatten. Die scharfen Kanten sind nicht nur eine Gefahr für die Insassen. Insbesondere für Fußgänger und Radfahrer steigt das Risiko schwerer Verletzungen. In Europa wird das Modell deswegen voraussichtlich keine Zulassung bekommen (wenngleich dieser Markt zu vernachlässigen sein dürfte).

Das Design bedeutet eine explizite Absage an ökologische Imaginationen. Zwar ist der Wagen noch immer umweltfreundlicher als die benzin- und dieselgetriebenen Konkurrenten dieses speziellen Produktsegments. Aber es fällt schwer, sich vorzustellen, dass das ausgerechnet bei diesem Modell den entscheidenden Kaufanreiz ausmachen könnte. Das Design muss deswegen auch keine Zugeständnisse an allzu gutmenschliche Ideale mehr machen. Beim Cybertruck handelt es sich um eine rohere Variante unternehmerischen Selbstbewusstseins, wie es Tesla immer vor sich hergetragen hat. Im O-Ton Musks: »If you're ever in an argument with another car, you will win.«

Streit um die Imagination

Der Cybertruck mag zwar, wie manche Kritiker unken, die Schnapsidee eines verrückten Milliardärs gewesen sein – aber auch Schnapsideen folgen einer eigenen Rationalität. Sie schaffen in ihrer ästhetischen Unverschämtheit ein sinnlich erfahrbares Ethos: sich über jede Vernunft hinwegzusetzen, um etwas nie Dagewesenes zu schaffen. Die sich um diese, in der Kunst würde man sagen: »Position« drehenden Debatten halten Tesla im Gespräch eines zunehmend unübersichtlichen Markts. Die beeindruckende Publizität des Cybertruck setzt Maßstäbe.

Es ist auffällig, wie stark sich die Debatte dabei um die imaginativen Qualitäten des Cybertruck dreht. Die Kritik zielt zumeist darauf ab, deren retrofuturistischem Charakter die Gültigkeit abzusprechen. Nicht an eine ersehnte Zukunft erinnere der Cybertruck, sondern an eine Dystopie, in der sich immer weniger Reiche nur noch in panzerartigen Gefährten durch eine feindliche, von verarmten Massen bevölkerte Umwelt trauten. Dass das real existierende Los Angeles von 2019 mit seinen brutalen Kontrasten sozialer Ungleichheit jenem fiktiven aus *Blade Runner* ähnelt, hilft dabei, die Tagträume, die der Cybertruck hervorruft, in techno-dystopische Alpträume umzuwerten. Äußerungen Musks, der den Wagen als kugelsicher und als »the finest in apocalypse technology« bewarb, tun ihr Übriges. Die Rezensenten berichten von der Aufmerksamkeit, die das Auto bekommt. Unfälle passieren, weil das Fahrzeug den Blick anderer Verkehrsteilnehmer derart fesselt, dass sie das Verkehrsgeschehen um sich herum vergessen. Offenbar zeigen sich dabei auch jene beeindruckt, die das Modell gar nicht kennen – die Form spricht für sich selbst.

Noch, wie man einschränkend hinzufügen muss. Denn auch wenn der Cybertruck vielen Beobachtern im Moment als das heißeste Auto erscheint, das man in den USA erwerben kann, ist offenkundig, dass ein derart exzentrischer Auftritt seine Wirkung nur für eine beschränkte Zeitspanne aufrechterhalten kann. Im schlimmsten Fall wird er eher früher als später zum peinlichen Ex-Modeprodukt, von dem man sich im Nachhinein nur noch fragen wird, wie man es jemals für begehrenswert halten konnte.

Kraft und Risiko der Enttäuschung

Bei allem ästhetisch erhitzten Streit um diese Werte sieht der Alltag, in den der Cybertruck nun Einzug hält, freilich banaler aus. Viele der ersten ausgelieferten Fahrzeuge landeten bei Kunden, die den Wagen vor vier Jahren vorbestellt und seitdem ihre Fantasie genährt hatten. Sie werden nun auf den Boden der Tatsachen zurückgeholt. Das Auto, damit fängt es an, ist inzwischen deutlich teurer als angekündigt, die Reichweite dafür deutlich geringer.

Die hastige Entwicklung nach der Silicon-Valley-Philosophie des »ship first, fix later« zeigt gleichermaßen unerwünscht wie erwartbar ihre Folgen in verschiedensten Mängeln. Bald nach der Auslieferung stellte sich heraus, dass die Radabdeckungen, die nicht nur Luftverwirbelungen vermeiden, sondern auch der Science-Fiction-Optik gerechtwerden sollten, die Reifen beschädigten. Die Verkleidung des Gaspedals löste sich bei manchen Fahrzeugen und konnte sich dabei so unglücklich verkeilen, dass das Fahrzeug unkontrolliert beschleunigte. Die Edelstahlkarosserie erwies sich, wie die Tests waffenaffiner Youtuber bald zeigten, als nicht so kugelsicher, wie sie beworben worden war. Manche der Features, darunter sämtliche Fahrassistenzsysteme, sind sogar noch unfertig und sollen durch spätere Updates nachgeliefert werden.

Die Kunden erleben also auch ganz ohne giftige Kommentare eine Form des *buyer's remorse*. Eine Reue, die sich aus der kognitiven Dissonanz ergibt, wenn ein jahrelang imaginativ aufgeladenes Ding die hochgespannten Erwartungen in der Realität nicht erfüllen kann. Teslas Wiederverkaufssperre mag nicht zuletzt solche Käufer hindern, sich des Objekts der Enttäuschung allzu schnell zu entledigen.

In den ersten Fahrberichten finden sich neben ehrlicher Enttäuschung aber auch Versuche, das techno-utopistische Ideal zu retten. Die Käufer bauen die Enttäuschung in ihre Selbsterzählungen ein. Sie erklären sich zu heldenhaften Beta-Testern, die mutig vorangehen, damit folgende Generationen vom technischen Fortschritt profitieren können. Eine moralische Gemeinschaft der *early adopter*, die einmal mehr bereit dazu ist, überzogene Preise, technische Mängel und sogar persönliche Demütigung in Kauf zu nehmen, um der Zukunft den Boden zu bereiten.

Solche Dynamik von Imagination und Enttäuschung hat der Kultursoziologe Colin Campbell in seiner Analyse der Formation des modernen Konsums im 18. Jahrhundert zur wesentlichen Triebfeder des Kapitalismus erklärt.[3] Die durch die Vorstellungskraft als Tagtraum erlebten Ideale, die auf ein Ding projiziert werden, werden durch die Enttäuschung nicht zerstört, sondern wieder frei. Sie können, darin unersättlich, an immer neue Dinge geheftet werden.

In diesem Sinn ist der Cybertruck nicht der Erste seiner Art, und er wird auch nicht der Letzte sein. Musk tut deshalb fleißig weiter das, was er schon immer getan hat: unentwegtes Ankündigen und notorisches *overselling* von Produkten, die meist verspätet, manchmal auch gar nicht erscheinen. Der Markt verzeiht das – jedenfalls solange das Modell Musk, das Surfen an der Grenze von Imagination und Wirklichkeit, irgendwie funktioniert. An der Spitze des Fortschritts ist der Treiber ein Getriebener.

3 Colin Campbell, *The Romantic Ethic and the Spirit of Modern Consumerism*. Oxford: Blackwell 1987.

Wegen der Inseln

Von Susanne Neuffer

Etwas veränderte sich in meiner Klasse, die ansonsten harmlos und leicht zu handhaben war, leichter als die dazugehörigen Eltern. Es lag wohl an dem neuen Mädchen, Marsha. Wieder so ein besonderer Name. Es gab viele davon in der Klasse, Namen, über die sich die Eltern wohl lange den Kopf zerbrochen hatten.

Ob sie von Anfang an dunkle Kleidung getragen hatte, kann ich nicht mehr sagen. Aber irgendwann fiel es mir auf, dass Marsha wie eine kleine schwarze Krähe in dem bunten Haufen saß. Wobei bunt etwas übertrieben ist: Die einen leuchten pink und glitzern, die anderen tragen passend zu ihren Vornamen naturfarbene Wolle, Leinen, Hanf über Schottenröcken und groben Strümpfen. Die Mütter scheinen die Bilderbücher ihrer Großmütter geerbt zu haben. Die paar Jungen sitzen eher unbehaglich in grauen und olivfarbenen Trainingsanzügen herum, auf der Suche nach Tarnung.

Von einem Trauerfall in Marshas Familie hatte ich nichts gehört. Am nächsten Tag erschienen Amira und ihre Freundinnen ebenfalls in düsteren Gewändern, sie trugen auch schwarze Kopftücher. Ich fragte lieber nicht nach, auf dem interreligiösen Feiertagskalender im Lehrerzimmer hatte nichts gestanden. Offenbar hatten sie sich Kleidung ihrer Mütter und Tanten ausgeborgt, die Mäntel schlappten über den Boden.

Die Schwarzgekleideten tuschelten manchmal, machten aber normal im Unterricht mit. Im Lauf der Woche gehörten etwa zwei Drittel der Mädchen dazu. Auch die Glitzernden hatten sich teilweise angeschlossen. Ein paar Jungen hatten ihre grauen Hoodies gegen schwarze getauscht. Aber auch weiterhin waren sie alle fast wie immer, manchmal albern, manchmal hochkonzentriert, allerdings etwas weniger laut als sonst. Vielleicht wollte ich deshalb nicht daran rühren. Lärm und Eltern sind die Faktoren, die meinen Beruf mühsam machen, alles andere lässt sich regeln.

Dann ging es in den anderen Klassen los. Nun fragten die Kolleginnen doch, etwas spitzzüngig, wie ich fand, was in meiner Klasse los sei. Die Schulsekretärin, die im Stadtteil gut vernetzt war, hatte etwas von einem Schulprojekt »Die Farbe Schwarz« gehört. Manche Eltern fühlten sich damit überfordert, ständig frischgewaschene schwarze Kleidung bereitzuhalten. Ich wich mit schwachen Ausreden aus, hatte angeblich kaum etwas bemerkt und vor allem kein Projekt gestartet.

Ich wollte Marsha dann doch fragen. Sie schien in dem Geschehen eine zarte, aber zentrale Rolle zu spielen.

Sie stand im Hof bei den Mülltonnen, weil sie Müllwachdienst hatte. Wir haben das eingeführt, um zu verhindern, dass der Müll in der Pause ungetrennt in die Tonnen kommt. Es gehört zu unserem großspurigen Leitbild. Manche Kinder sind gerne Müllwächter, sie spielen sich auf wie wilhelminische Gendarmen, anderen ist der Job offensichtlich peinlich. Vor allem, wenn andere vorbeikommen und sie auffordern, sich doch selbst in die Tonne zu legen.

Ich ging vorsichtig auf Marsha zu und überlegte, wie ich die Frage stellen sollte. Vielleicht war ja ein Lieblingsstar der Kinder gestorben, einer von denen, die ich nicht auseinanderhalten konnte. Bevor ich etwas sagen konnte, fing sie an: *Frau Wendelin, es ist wegen der Inseln …* Sie stockte und wandte sich ab, ging weg.

Welcher Inseln? Was ist mit den Inseln? Da kam ein zweites Mädchen, eine Paula aus der Parallelklasse.

Haben Sie nichts davon gehört? Marshas Inseln. Sie gehen unter. Wir trauern.

Und schon marschierte sie entschlossen auf einen Jungen los, der unauffällig eine Flasche in die Papiertonne gleiten lassen wollte. Sie lächelte ein breites Lächeln und hielt ihm einen Vortrag, fuchtelte mit den Armen. Sie war immerhin mehr als einen Kopf größer als er, von einer Mission erfüllt.

Zurück im Klassenraum verteilte ich zerstreut die Arbeitsblätter. Marshas Inseln, das mussten die Marshallinseln sein. Hatte sie da etwas verwechselt? Fühlte sie sich aufgrund der Namensähnlichkeit besonders verpflichtet? Hatte sie, um die Mitschüler zu beeindrucken, die Pippi-Langstrumpf-Nummer abgezogen, die mit dem Vater, der neuerdings ein Südseekönig war? Es sah ihr nicht ähnlich. Ich beschloss, mich zu informieren, vielleicht konnte man tatsächlich ein Projekt daraus machen. Eventuell nach den Ferien.

Wir waren immerhin kurz vor den Ferien.

Die Schulleitung hatte in den letzten Tagen Anrufe von irritierten Eltern erhalten. Die Kinder wollten nicht mit in den Urlaub fliegen. In vielen Familien, die schon gebucht hatten, gab es offenbar Ärger. Es ging ja nicht um ein paar vegetarische Würstchen, sondern um die Urlaubsplanung schwerarbeitender Eltern. Ich bekam mit, dass die Kinder viel am Diskutieren waren, in kleinen Grüppchen. Es gab offenbar durchaus Dissens in dem stillen, eifrigen Komplott. Ich hörte einen Jungen sagen: *Mein Vater meint, wenn du dir die Malediven nicht jetzt anschaust, kriegst du sie nie mehr zu sehen.* Einige nickten, andere schüttelten den Kopf.

Die Schulleiterin und die Schulsekretärin kamen im Lehrerzimmer auf mich zu, als wollten sie mich verhaften. *Wir müssen das stoppen, Frau Wendelin,* sagte die eine, die andere sagte *einhegen.*

Es kommt nicht von mir, sagte ich. Ich war müde, ich hatte mir die ganze Nacht Dokumentarfilme über untergehende Inseln angesehen.

Schließlich begannen die Ferien, irgendwie schafften die Eltern ihre Kinder ins Flugzeug. Hierzulande war das Wetter schlecht, es regnete ohne Ende, alle Gullys und Keller liefen voll. Ich kaufte mir einen perfekten langen Regenmantel und Gummistiefel, beides in Knallfarben.

Der Hausmeister hatte wohl am letzten Wochenende vor Schulbeginn Nachrichten geschickt, die ich aber nicht gelesen hatte. Irgendwas war mit den Unterrichtscontainern im Hof der angrenzenden Grundschule, es hatte im Betreff gestanden.

Die Kinder waren zurück, viele braungebrannt, in grellbunter Regenkleidung. Darunter glitzerten sie wieder oder trugen ihre Bilderbuchkleider. Amira und ihre Freundinnen hatten ihre schwarzen Kopftücher gegen grüne und weiße vertauscht, meine Klasse sah aus wie früher.

Marsha war nicht da, es gab eine Notiz der Sekretärin, Marsha sei kurzfristig abgemeldet worden und mit ihrem Vater in die Niederlande umgezogen. Ausgerechnet die Niederlande, dachte ich, die sind

doch auch bald weg. Und ich fand meine Gedanken sofort etwas übertrieben.

Auf den Fluren war entsetzlicher Lärm. Es kam eine Durchsage. Die Container der vierten Grundschulklassen hatten die letzte Regennacht nicht überstanden, die Leitungen waren nass und deshalb lebensgefährlich, die Böden waren zum Teil durchgebrochen. Wir sollten die Schülerinnen und Schüler so gut es ging in unseren Klassenzimmern aufnehmen. Man arbeite an dem Problem.

Die Tür ging auf, eine große nasse Kindergruppe drückte sich in unseren Raum, das vorderste Klassenzimmer im ersten Stock. Natürlich versuchten sie es zuerst bei uns. Warum steuerte das niemand? Noch fanden sie es witzig, sie setzten sich auf den Fußboden, holten ihre Handys raus und riefen ihre Eltern an. Meine Klasse rückte zusammen, irritiert, unwillig.

Ich ging ans Ende des Flurs und sah in den Hof der anderen Schule. Die Fundamente der Unterrichtscontainer waren umspült. Breite Bäche flossen in alle Richtungen, am stärksten zu uns herüber.

Es würde sicher bald aufhören zu regnen, es konnte ja nicht so weitergehen. Man konnte nicht einfach eine vierte Klasse in den Raum einer voll besetzten fünften Klasse hineinpressen.

Es gab Hausmeister, die Schulleitung, die Behörde.

Natürlich würde sich eine Lösung finden.

Sie fanden doch immer eine.

Der Merkur im Internet: Aktuelle Interventionen und Kommentare, Reaktionen auf Texte in der Druckausgabe, Blicke ins Archiv, Hinweise zu Tagungen und Links zu lesenswerten Artikeln und Essays online, zu finden unter:

www.merkur-zeitschrift.de/blog/

Demnächst:

Carola Lentz / Teresa Koloma Beck / Omri Boehm
Die Zukunft des Erinnerns

Hanna Engelmeier
Literaturkolumne

Matthias Rothe
Michel Foucault und / oder die Aufklärung?